社員の
「ムリ」「ムラ」「ムダ」
をなくして
会社を「儲かる体質」に
変える3つの方法

頑張らせない経営

経営戦略コンサルタント
佐治邦彦

standards

はじめに

みなさん、はじめまして。佐治邦彦と申します。

経営戦略コンサルタントとして、小規模事業者のみなさまが経営課題を解決するためのサポートをしています。昨年来のコロナ禍によって、多くの経営者が不安や悩みを抱えているのを間近で見てきました。

そんな不安や悩みをなくすことが、私自身のミッションだと心に決めています。

人によってさまざまな考え方があることはもちろん理解しています。それでも、私自身は「経営の成功」と「人生の成功」とは異なるものだと思っています。

そして私がお手伝いしたいのは、圧倒的に経営者の「人生の成功」のほうです。

ですが、日々の出会いを通じて感じているのは、「経営の成功」と「人生の成功」はイコールだと考える方が多いことです。「少しでも売上を伸ばしたい」「少しでも顧客の数を増やしたい」「成功とは売上や規模の拡大である」、そんな声を非常に多く耳にします。

その結果、小規模事業者の約9割が**「忙しいだけで儲からない」**状態にあります。

お客様第一主義を掲げながらも、結局は規模の拡大が最優先事項となってしまい、それがある種の飽和状態を生み出しています。飽和状態とは、何をやっても忙しさが増すだけで、肝心の利益にはつながらない状態のことです。

あるいは、何とか売上が伸びたとしても、それを維持することにばかり心が奪われ、不安や悩みをさらに多く抱えるといったケースもよく目にします。売上が伸びるほど恐怖が増えるのだとしたら、いったい何のための経営でしょうか。


かつての私がそうでした。

現在経営している会社は広告会社からはじまったのですが、当時の私はまさに「顧客第一主義」を掲げながらも、売上が優先する経営から抜け出せない状況に陥っていたのです。お客様の要望には何でも応える。その裏では過剰なサービスに陥り、常に人手不足の状態でした。

それでも、会社を拡大することが社員のためだと思い込んでいました。

そして会社が大きくなる一方で、自分の心配事もどんどん大きくなっていったのです。

当時の私には、多くの社員を採用しては辞めていく負のスパイラルから抜け出す方法がわからなかったのです。

私は、過去の自分のように苦しむ経営者を一人でも多く救いたいと考えています。

たしかに、変化の波にうまく対応し売上を伸ばしていくことは重要です。ですが、企業にとって大切なのは、明らかに利益のほうです。たとえば、売上自体は変わらなくても、利益をアップさせる方法はいくらでもあります。にもかかわらず、規模の拡大＝売上を伸ばすことばかりに経営者の意識が向いている状況は、決して健全なものとはいえません。

そのせいか、自信を失っている経営者の方が非常に増えていると実感します。

多くの経営者が自信を回復し、経営状況を好転させ、さらには、社員やその家族が人生の幸せをしっかりと噛みしめることができる。そのためには、経営者が自信を回復すること。そして自信を回復するためには、もう一度、自らの内面を振り返り、心の底を掘り下げて、何のために経営しているのかをたしかめる以外に方法はありません。

誰のために仕事をするのか。

誰のためなら人生を捧げることができるのか。

これらの問いを、私は**「戦略的問い」**と呼んでいます。もちろん、思い浮かべる「誰」は経営者によって異なります。自分だけの「誰」をしっかりと見定めること。いいかえれば、そもそもの仕事の意義を再発見すること。それをせずして、飽和状態から抜け出すことなどまったく考えられません。

コロナ禍のような不況を乗り越えるには、経営者が経営能力を高めるしかありません。

そして経営能力の向上は、「戦略的問い」を何度もくり返し自らを問い直し、これ以上は考える余地がないところまで考え抜くことによって可能となります。

そのような問いの機会を、みなさんと一緒に作っていきたいと思うのです。

本書では正しい経営能力を身につけることで、コロナ禍でも社員に頑張らせることなく利益を3倍にも5倍にも増やす仕組みを構築している、そんな企業の取り組みについても紹介していきます。この100年に一度ともいわれるピンチを逆に成功のチャンスへと変えるためにも、最速で経営力を上げる3つの仕事のポイントをお伝えしていきます。

あなたは、経営者の仕事とは何かと聞かれたときに正しく答えることができますか？

私の経験では、9割の経営者があいまいにしか答えることができません。そんな状態では、経営者としてスキルを上げ、成長を実現するまでに、多くの時間を費やすことになります。本書を読み、経営者にとって重要な3つの仕事を理解することによって、あなたの経営力を最速で上げることができるのです。

航海に例えるならば、不況とは荒波のようなものです。

荒波のなか、沈没することなく目的地へと船を進めるためには、船長としての経営者が、「波の状況」「地形」「天候の変化」などを正確に把握し、個々の局面において適切な判断を下す必要があります。さらに、大切なクルーである社員に対して、船長の指示が明確な形で伝達されなければなりません。つまり、経営者が時代の流れを読み、適切に判断し、それを明確に指示する。この3つの要素が何よりも重要になってきます。

本書を通じて、経営者が行うべき本来の仕事のあり方、それを見出すために必要なこと、そして経営の改善に向けた3つのポイントの概要を、ご理解いただきたいと思っています。

全体像については本文をお読みいただくとして、私が全力でお伝えしたいことの核心は、**「社員を頑張らせない」**という言葉に集約されます。この意識が多くの小規模事業者の経営課題を解決し、多くの方々の幸せにつながることを願ってやみません。

佐治邦彦

頑張らせない経営──目次

第1章

できる社長になるか、できない社長でいるか

第2章

頑張らせない経営 その1「戦略づくり」

第3章 頑張らせない経営 その2「財務」

第4章 頑張らせない経営 その3「組織デザイン」

第5章 社員を頑張らせずに成功した企業の事例

第6章

社員を頑張らせない社長に届ける3つの贈り物

第1章

できる社長になるか、できない社長でいるか

01 できる社長が知っておくべき三大潮流

経営者には、時代の流れを的確に読み解く力が必要とされます。

世の中の変化に適応した者だけが生き残ることができる。これは生物学的にもそうですし、経営においては鉄則です。変化への適応にはさまざまな方法が存在します。しかし、実際にどうすればよいのかがわからず、不安を抱える経営者は多いのではないでしょうか。

現在は、特に時代が大きく転換しようとしているタイミングです。

「AI」「5G」「IoT」などテクノロジーの飛躍的な進展によって、ビジネスの方法にも大きな変革がもたらされようとしています。このような複雑かつ迅速な変化にどのように対応していくのかが、今後の経営の命運を大きく分けることになります。

変化の激しい状況を絶好のビジネスチャンスと捉えて成長を実現させるために、まずは時代の三大潮流である、**❶多様化する社会のニーズ**、**❷少子高齢化の進行による人口減少**、

❸**超情報化社会の実現**について理解します。
大きな時代の変化をとらえることで、今後のかじ取りの方向性が明確になります。

❶ 多様化する社会のニーズ

時代の変化とともに、社会のニーズは明らかに多様化しています。

昭和生まれの私にとって、仕事とは会社や役所に勤めて、毎日決まった時刻に出勤し、定年まで地道に働き続け、少なくとも課長くらいには昇格し、退職金で郊外に一軒家を建て、成長した子供や孫に囲まれて老後を楽しくすごす、という物語を想像させるものでした。ですが、今や企業への就職だけではなく、起業を志す若者も増え、またフリーランスなど特定の組織には所属しない働き方も珍しくはなくなってきました。

子供の頃は、スポーツといえばほぼ野球しかなく、私も熱心な野球少年の一人でした。それがJリーグの創設にはじまり、バスケットボールやバレーボールでもプロ化が進み、野球にしたところで「メジャーに挑戦したい」がもはや夢物語ではなくなりました。

このような時代の変化＝ニーズの多様化は、ビジネスにも大きな影響を与えています。

顧客の嗜好も多様化し、メガヒット商品は生まれにくくなりました。他の商品との細かなちがいが重視され、ラインナップは多様化し、入れ替えのスパンも短くなっています。

大企業であれば、商品開発と入れ替えを継続する体力も十分に備わっています。

しかし、小規模事業者にとって、多様なラインナップを揃え、常に新規開発をくり返し、顧客のニーズに対応していくことは不可能です。にもかかわらず、多くの経営者の方々は、できるだけ多くのニーズに応えようとして、四苦八苦しているのが実情です。

また、顧客だけではなく、社員の価値観も同じく多様化しています。

昔は「一を聞いて十を知る」のが当たり前とされていましたが、今では「一」の捉え方も人それぞれで、「十」を理解させるには「十」か、最悪はそれ以上を伝えなければならない。そんな時代になってきています。

このような多様化の時代を乗り越えるためには、本質を理解する必要があります。

本質を理解するとは「何をするか」よりも「何のためにするか」を重視するという姿勢を意味しており、小手先の学びだけでは「何のために」を見出すことはできません。

多様化という現実の表面だけを読むのではなく、その背景にあるはずのもの、それこそが本質であり、本質が見えている経営者には不安や迷いがありません。

「何のためにするか」の答えは、「戦略的な問い」によって見えてきます。

誰のためにするのか。誰のためになら人生を捧げることができるのか。

その答えがそのまま、経営をする理由になるはずです。多様化の背景にあるはずのもの。

それは経営者の確固たる信念以外にはありません。

経営者の確固たる信念は、「組織のミッション」と呼ぶことができます。

多様化する社員の価値観をまとめ、同じ目的地へと前進していくためには、ミッションを明確な形で共有している必要があります。社員の教育を通じてミッションを共有し、そして現場の仕事へと落とし込んでいくのです。

景気のよい業界でも倒産する会社は多く、反対に、市場規模が縮小するなかでも、確実に利益を伸ばしている会社も少なくありません。後者に共通しているのが、そもそも会社は「誰のためにあるのか」「顧客のどんな問題を解決するのか」が徹底されている点です。

だからこそ、景気の波にかかわらず、顧客から選ばれ続ける会社となっているのです。

多様化する時代だからこそ、組織のミッションは何かを徹底して追求する。

ミッションの追求に、不況などといったものは1ミリも存在しません。

❷ 少子高齢化の進行による人口減少

もうずいぶんと前からいわれているように、日本の社会では少子高齢化が進んでいます。日本の総人口は、平成20年の1億2808万人をピークに、平成23年以降は一貫して右肩下がりの傾向が続いています。平成30年時点の人口は1億2644万人となっており、160万人の減少となっています。さらに深刻なのは、15～64歳のいわゆる労働人口と呼ばれる世代の減少です。労働人口のピークは、平成7年に記録した8726万人ですが、それが平成30年には7545万人となり、何と1181万人も減少しています。

少子高齢化は、小規模事業者の経営にも大きな問題を投げかけています。

総人口の減少はそのままマーケットの規模が縮小することを意味しており、労働人口の減少はさらに、購買層の減少とダイレクトに結びついています。

こうした状況のなかで、会社の規模を拡大し売上を伸ばすという戦略は、はたして最良の一手であるといえるでしょうか。小規模事業者の経営者として、商品ラインナップを増強し、そのために設備等を拡充し、社員の数を増やす。そのうえで、それらに見合うだけの顧客を獲得していく。そんなサイクルを本当に形成することができるでしょうか。

私の答えは明らかにNOです。**小規模事業者が進むべき道は、規模の拡大よりも生産性の向上にあります。**生産性＝一人当たりの粗利益をいかに上げるかが重要なのです。

生産性を2倍にする方法をもっとも簡単に説明するならば、単価を倍にするか、それまで2人でやっていた仕事を1人でするかのどちらかです。とはいえ、小規模事業者にとって、作業効率を2倍にするには多額の投資が必要になるので、コストを半分にすることは簡単ではありません。しかし、単価を倍にすることは簡単にできます。単価を決めるのは自分たちであり、何も問題はありません。それでは商売が成り立たないと思う人は多いかもしれません。ですが、単価が倍であっても買ってくれる人がいれば問題は解決します。

そのような顧客をどのように獲得していくのか。見方を変えれば、単価を倍に設定しても購入してくれる顧客層を手に入れ、規模はそのままでも生産性を倍にする。そんな理想像をいかにして実現していくのか。そこから考える姿勢が経営者には問われています。

実現すべき理想像とは、「戦略的問い」の先に見えてくるミッションに他なりません。

マーケットが縮小している時代だからこそ、規模の拡大を目指す危機感ではなく、未来を見据えた使命感によって経営していくことが重要なのです。

危機感は競争志向や価格志向となって、組織や社員に多くの負荷をかけます。このような経営の仕方を私は**「複雑経営」**と呼んでいます。「複雑経営」に陥ってしまうと仕事の量が増え、コストは増加し、企業の生産性が大きく脅かされます。

反対に、使命感にもとづく経営を**「シンプル経営」**と呼んでいます。価値思考を生み出しサービスや商品の質で勝負する方向へと導きます。**小規模事業者の存在意義とはその付加価値にあり、付加価値とは、「何をするか」ではなく、「何をしないか」を明確化することで生まれます。**「仕事を増やさない」という理念によって、単価を倍にするという発想が生まれるのです（「シンプル経営」については拙著『年商1億社長のためのシンプル経営』に詳しく記載してありますので、興味のある方はそちらもご参照ください）。

小規模事業者は医者のような存在であるべきなのです。医者は患者の訴える症状を聞き、問診を行ったうえで最適な処方箋を出します。だからこそ、患者は安心して治療に専念することができるのです。患者にとって、医者とは大きな信頼を寄せることのできる存在です。そのような存在を価格で判断する患者はいません。

一方、大企業とはドラッグストアのような存在です。大きな資本を背景にたくさんの商品を揃え、それらを手頃な価格で販売し、顧客に便利を提供しているのです。

限られた資源だからこそ、それをフル活用するために顧客の想いに寄り添う。その想いがビジネスの質を高め、高単価でも購入するという顧客層を形成していくのです。

使命感で時代を見ていくと、いたるところビジネスチャンスがあることに気づきます。それに気づかない理由は、ミッションが定まっていないというその一点にあります。

❸ 超情報化社会の実現

冒頭でもお伝えしたように、ＡＩやＩｏＴ、そして５Ｇの時代が到来し、超情報化社会が来ています。そのなかでも、小規模事業者にとって特に大切なのが５Ｇへの対応です。

５Ｇが本格化することによって、通信レベルが格段に向上します。情報伝達のスピードが飛躍的に高まり、より質の高い情報を、より大量に発信することができるようになります。伝えたいことを、伝えたい人に、タイムリーかつ広範囲に伝えることが可能となるのです。こうした超情報化社会の現実を受け止め、その変化の波に対応することが、小規模事業者の命運を大きく分けることになります。命運が分かれる一番のポイントは、情報伝達に対する認識のちがいです。

情報伝達とは主に、2つのプロセスにわかれます。

1つ目は「何を伝えるか」。会社の想い、果たすべき使命、社会の課題の解決方法など、企業として大切にするものをしっかりと定めます。

2つ目は「どのように伝えるか」。紙媒体やインターネットでの広告宣伝、SNSの活用など、どのような手法で伝達していくのかを具体的に定めます。

多くの小規模事業者は、情報伝達＝第2のプロセスと狭く認識することで、情報が有する可能性を十分に活用できていません。「何を」を考える前に「どのように」だけを考えても効果的な情報伝達にはまったくなりません。どのように売るかを考えてから肝心の商品を開発するなどというやり方が成功する可能性は、かぎりなくゼロに近いといえます。

ミッションの大切さについてはすでにお伝えしたとおりですが、**このミッションこそが企業として伝えるべき「何を」の部分を形成するのです。「何を伝えるのか」が企業として明確に定まっていなければ、伝えたい人にメッセージは届きません。**どれだけ発信しても、伝えたい人＝顧客になってほしい人の心に残るものは本当にわずかです。生産性が非常に低い対応になってしまいます。

PCに加えてタブレットやスマートフォンの活用がいっそう進み、消費者はまさに大量の情報に触れることになりました。そのなかから「何を」「どのように」選択するのかは、提供される情報の質に大きく左右されます。5G全盛の時代が訪れれば、このような傾向はさらに顕著なものとなります。さらに質の差は、顧客目線＝付加価値に対する意識の差とも直結しており、だからこそ3〜5年で大差がつくことになるのです。

指先ひとつで多くの情報が検索され、競合他社とも比較される。

この事実を重く受け止めない経営者はいないと思いますが、自社の価値を伝えることが得意な企業に多くの顧客が集まり、情報伝達の苦手な会社は顧客を奪われる。

それが現実のものとなる時代に突入していることは否定のしようがありません。

この波に対応するか、それとも海の底に沈んでいくのか。厳しい言い方にはなりますが、企業としての選択はいずれかです。これはもう抗いがたい現実なのです。

かつての経営者は、良い商品を売ってさえいればいつかは顧客にもわかってもらえると信じて疑いませんでした。たしかに、そう信じても許される時代でもありました。ですが、令和の時代を迎えた今、それは遠い昔の物語でしかありません。**顧客に伝わらない価値は、そもそも存在しないのと同じなのです。**

「実は僅差、しかし結果は大差」、そんな時代がすでに訪れているのです。

02 できない社長が引き起こす4つの弊害

前項で見てきた三大潮流を読み解くことのできる経営者は、自社のミッションを見定め、マーケットの縮小といった事態に遭遇しても、生産性を向上することによってしなやかに対処することができます。そして超情報化社会のテクノロジーを最大限に活用し、顧客への付加価値をさらに押し広げていくことができます。

そのような経営を、前項では「シンプル経営」と呼びました。

「シンプル経営」を実践することによってやるべきことの範囲が明確になり、ムダな仕事やムリなスケジュール、その結果としてムラのある仕事といった悪循環がなくなります。

一方、「戦略的問い」を十分活用することができず、三大潮流に対処することのできない経営者は、「複雑経営」によって多くの弊害を引き起こします。

ここでは、そのような弊害のなかで特に重大な4つについて詳しく見ていきます。

少しでも思い当たるところのある方は注意が必要です。よい機会ですので現状と比較し、気づいた課題は後段の学びに生かしていきましょう。

❶ 顧客からのクレームが増える

最初に取り上げる弊害は、顧客からのクレームが増えるという問題です。

売上をアップさせるために必死に取り組んだ結果、どうしてクレームが増えるのか。そのメカニズムを理解しておくことは、できる経営者になるうえで必須の条件です。

「複雑経営」に陥っている経営者はただ会社の規模を大きくするために、多様化する顧客のニーズにすべて応えようとします。商品のラインナップを増やし、サービスの面ではオプションを増やすなどして、幅広い顧客層を取り込もうと考えます。しかし、社員を急に増やすことはコスト増につながるので、できるだけ既存の戦力で乗り切ろうとします。

そうすると、組織の内部ではいったいどのようなことが起こるでしょうか。

ラインナップやオプションが増えれば、それだけ覚えることが増えていきます。

あるいは、身につけなければならないスキルが増え、それらにきちんと対応することは、誰にとっても決して簡単なことではありません。

その結果、特にサービス面での品質にムラが生じ、トータルで見た場合、サービスの質は確実に低下することになります。特に忙しい時間帯ではムラが顕著なものとなるでしょう。社員間のスキルの格差という問題も見逃すことはできません。また、ひとつの作業に要する時間が増え、**忙しさが増し、社員が心にゆとりのない状態で働く結果、必然的にミスなども増えることになります。その結果が、顧客からのクレームにつながる**のです。

ニーズが多様化し、外部環境が大きく変化する時代にあって、大切なのは顧客の気持ちにしっかりと寄り添いながら対応することです。それには心のゆとりが欠かせないのですが、規模の拡大に心を奪われ、危機感が支配する職場ではそれが失われてしまいます。危機感を共有するというと聞こえはよいのですが、経営者がそれを生き残りの策にしてしまっては、せっかくの努力も水の泡となってしまいます。

経営者の強い危機感は、どのような手段を使ってもいいから顧客を大切にしよう、売上につながるのであればどんなことでもしよう、そんな意識を生んでしまいます。

こうした意識によって、安売りや過剰サービスといった方向へと進んでいきます。

私自身のコンサルティング経験から、安い物を買う人ほどクレームを多くいってきます。

そのようなクレーマーに過剰なサービスを提供すると、サービスの再現性が大きく低下し、また別のクレームへとつながっていきます。まさに負のスパイラルが形成されるのです。

クレームをいう人は、会社や製品・サービスに対して価値を認めていません。

安い商品を買う人がすべて悪いなどということはまったくありませんが、自分が求める価値と値段とのバランスを理解できない場合、悪質なクレーマーへと変わってしまいます。

つまり、安売りにはクレーマーを増やすというおそれがあるのです。

私は基本的に、仕事は人を幸せにするための道具でしかないと考えています。

そんな道具を必死に使いこなそうとした結果、かえって多くの人が不幸になってしまう。

それはとても悲しいことではないでしょうか。

価格で選ばれようとする意識の背後には大切なミッションの不在という事態があります。会社としての理念や顧客に提供する付加価値で選んでもらうという覚悟が抜けているから、過剰なラインナップやサービス、過度の安売りといった方法で勝負してしまうのです。

つまり、できない経営者は社員を無理に頑張らせた結果、多くのクレームを生み出してしまうということです。

❷ 儲からない会社になる

2つ目の弊害として、儲からない会社になるという問題があげられます。

これも「複雑経営」による売上優先主義の弊害なのですが、ミッションを定めないまま、会社を拡大させようとすることで、かえって迷子になったり、同じ道を何度も行き来したり、そんなことをくり返した結果、肝心の利益が減少するという悪循環に陥ります。このことは、商品と組織という2つの観点で見ていくとよく理解することができます。

まず、商品の観点から見ていくことにしましょう。

売上優先主義に陥った経営者は、幅広い顧客を獲得したいと願うあまり、すべての顧客のニーズに応えることを考えるようになります。そうなれば商品やサービスの範囲も自然と広がることになってしまいます。ラインナップの充実＝ニーズを満たすことという誤解が生じてしまうわけです。

先ほども見てきたとおり、ラインナップの幅が広がれば、それだけ社員は忙しくなります。社員の忙しさが増すことで、個々の仕事にさらに時間がかかるようになり、サービスの質が低下し、クレームを引き起こす大きな要因となります。

ミッションにもとづく経営ができていないため、残業を増やすことや、それでもダメなら社員やアルバイトを増やすことでクレームを減らそうと試みます。当然、その分だけ過剰な人件費が生じることになります。

このようなことをくり返していては、どんなによい商品を持っていたとしても、あるいは、本来はどんなに行き届いたサービスを実践していたとしても、儲かるはずはありません。

次に、組織の観点についても見ていくことにします。

忙しさが増すことでさらに多くの負荷がかかるようになり、社員は与えられたタスクをこなすだけで精一杯になり、視野が狭くなってしまいます。そのことによって、必要な情報共有が不足し人間関係もギクシャクしてきます。また外部環境の変化にも鈍感になるため、組織としての体力は確実に低下していくことになります。**その結果、在庫管理やシフト管理、さらには、予算管理といった仕事がすべて雑になり、会社の利益が大幅に減少します。**

人件費が増えるという直接的なものだけでなく、多くの弊害が生じてしまうのです。

強い組織とは本来、共通の目的＝ミッションの実現に向かって、組織の問題点を発見し、共有し、メンバーが一体となって解決や改善に取り組むことのできる組織です。あるいは、時代の変化にも敏感で、柔軟に対応することのできる組織です。

しかし、売上優先主義の「複雑経営」が組織から強さを奪ってしまうのです。

世の中の9割の小規模事業者は、忙しいだけで儲からないといっています。

その理由はすでに見てきた内容から明らかですが、組織にとって大切なミッションには目を向けることなく、規模の拡大だけを目指す点にあります。儲からない現状から脱却する方法を知らないまま経営を続けると、会社としてのリスクは高まるばかりです。それでも、売上優先主義という誤解に陥ったまま、リスクだけを取り続ける経営者はとても多いのが現実であるといわざるを得ません。

儲かる会社へと転換するために必要なのは、たったひとつのことだけです。

「戦略的問い」をとことんまで掘り下げること。「誰のために」「何をするのか」そして「何をしないのか」を明確にすること。これだけでよいのです。

儲からない会社という弊害から、みなさんの会社は自由になっているでしょうか。

❸組織が弱体化する

3つ目の弊害として、組織が弱体化する点を指摘します。

すでに**「❷儲からない会社になる」**でもある程度はお伝えしましたが、人材育成など視点をさらに広げて見ていくことで、この弊害の正体をより詳しく理解することができます。

多くの小規模事業者では、まちがいだらけの人材育成が行われています。もちろん本書は人材育成について詳しく解説するものではないので、言及する内容も限られますが、それでも誤った人材育成が横行することによって組織は確実に弱体化する。その点だけはしっかりとお伝えしておく必要があります。

多くの経営者は、「優秀な人材」を育てたいと考えています。

また、コンサルタントとして受ける相談のなかには、ずっと右腕となっていた幹部社員が退職してしまい頭を抱えている、といった声が非常に多く寄せられています。**私はこうした経営者の悩みこそが、人材育成を誤る根本原因だと理解しています。**

ミッションを大切にしない経営者が考える「優秀な人材」とは、ほとんどの場合、自分の代わりを立派に努めてくれる人のことです。気持ちはわからなくもないのですが、それでもそこにはある種の依存があるといわざるを得ません。なぜなら、「代わりを務める」とは、「一をいえば十を理解する」、そんな人材のことを意味しているからです。

つまり、多くを語らなくても自分の思いを理解し、それに沿って行動することができる。それが「優秀」という言葉の意味になっているのです。

このような経営者の誤認は、特に幹部社員にマイナスの影響を強く与えます。

経営者の期待が幹部社員に伝わることで、この会社は自分が支えているにちがいないと実力以上に自己評価をしてしまうリスクが高まります。それが高じてしまうと、自己研鑽の努力を怠ってしまったり、最悪の場合には、自分は独立してもやっていけるといった思いを抱かせたりすることで、退職のリスクを高める結果にもなりかねません。

このような「人材育成」をくり返しているから、先ほどもお伝えしたような、幹部社員の退職に頭を抱えるといった悩みが絶えないのです。

ミッションにもとづき行動する経営者は、このような人材育成を行いません。

「自分の代わりを務められるかどうか」という評価軸ではなく、「組織のためにどのようなプラスを提供できるか」という軸で社員のことを評価します。いいかえれば、ミッションをどれだけ腹落ちさせ、行動に落とし込めているかを評価するということです。

ミッションを大切にしない経営者にはワンマンな人も多いのですが、ワンマンタイプにかぎって自分の代わりを求める傾向が強いといえます。本来、経営者とは異なる意見でも、それが組織にとってプラスになるのであれば受け入れる、というのがあるべき姿勢ですが、ミッションを持たない経営者はそれを認めることができません。

常に忙しく、社員の多様な意見も認められない。そのような組織では人間関係も悪化し、離職のリスクはさらに高くなっていきます。

すべての根底にあるのが売上優先主義の「複雑経営」であり、忙しくて儲からないという弊害だけではなく、組織が弱体化し人が育たないという最大の弊害をも生み出しています。ここから脱却するためには、やはり「戦略的問い」をフル活用する以外に方法はありません。

すべては「誰のために、何をするのか」。それを定めるところからはじまります。

❹社長はいつも不安を抱えたままになる

どれだけ頑張っても、いや、頑張れば頑張るほど状況が悪化していく。

顧客からのクレームは増え、仕事の量は増えても会社は儲からず、組織は弱体化しさらに退職者も増えていく。これらはすべて、売上優先主義の「複雑経営」がもたらす弊害であり、そのような経営手法から脱却しないかぎり、悪循環はどこまでも続くことになります。

そして、これらの弊害に囲まれた経営者は常に不安に苛まれることになります。

経営者とはそもそも孤独な存在ですが、不安のない孤独というものも存在します。

もちろん、常に外部環境の変化にアンテナを張り、顧客へのサービスの質をチェックし、コストが適正に消費されているかどうかという、利益率の推移にも目を光らせる。そのような緊張感が消えることはありませんが、ミッションにもとづく経営を実践している経営者には、不安を感じる必要はまったくありません。

事業の軸が定まっているからこそ、不安とは無縁でいることができるのです。

しかし、ミッションを持たない経営者は、常に不安のなかで生きることになります。

今日も顧客から多くのクレームが寄せられているのではないか、社員はミスをしないか、先月に比べて粗利は落ちていないか。**「誰のために何をするか」が定まっていないからこそ、経営者の心は揺らぐことになります。**

現代は物が売れにくい時代といわれます。そのような時代にあって、規模の拡大を志向し、売上を伸ばし続けることは決して簡単ではありません。それでも、他の方法を知らないから、売上確保のために、価格を下げたり、過剰なサービスを提供したりすることになる。そんな誤った方向性に際限はなく、気づいたときには行き止まりの状態に陥ってしまうわけです。

あるいは、優秀な社員が増えれば苦境を脱することができるかもしれない。そんな幻想を大切に抱えながら、誤った人材育成をくり返す経営者も多いことでしょう。

ですが、優秀な人材でなければできないタスクとは会社にとって単なる弊害でしかなく、成功している会社ではむしろ、誰でもできるタスクを利益の源泉にしています。もちろん、そんなことができるのはミッションが浸透しているからであり、ミッションを土台としてやるべきことがきわめて明確になっているからです。

「複雑経営」とは、言葉をかえれば「対処型経営」であるといえます。

経営の軸がしっかりしていないから、日々の出来事に目を奪われ、対処に追われることで疲弊し、そして抑えようのない不安を抱えることになるのです。

すべての原因は、ミッションがしっかりと定まっていない点にあります。

さらに踏み込んでいうならば、ミッションを定めるにはビジョンが必要であり、それにはくり返しお伝えしているとおり、「戦略的問い」の活用が不可欠です。不安を抱えた組織は危機感によって日々の仕事を頑張ります。一方で、ミッションを共有する組織は強い使命感にもとづき全員が自分の役割をしっかりと果たします。

経営者が危機感や不安を抱く組織は弱体化し、社員の仕事は「やらされ仕事」になります。**危機感や不安と「やらされ仕事」とのギャップを生み出しているのは明らかに経営者ですが、肝心の本人がそれに気づいていないというのが本当のところです。**

とはいえ、この状態から脱することができるのも経営者なのです。

「戦略的問い」を重ね、ビジョンを描き、ミッションを明確化する。そのプロセスを確実に踏むことこそが、組織の生産性をあげ利益を倍増させる唯一の方法です。

03

だからこそ、頑張らせない

ミッションを明確に定めるうえで、何よりもまず意識すべきこと。

それが本書のタイトルにもある社員を「頑張らせない」という点に他なりません。

危機感によって生まれた「やらされ仕事」は、社員に頑張ることを強制してしまいます。社員の頑張りが多くのクレームを生み出し、生産性を低下させ、組織を弱体化させてしまう。そんなことは悲劇以外の何物でもありません。

そして、そんな悲劇からは一刻も早く脱しなければなりません。

次章以降にお伝えしていくのは、悲劇から脱却するための具体的な方法です。その方法をしっかりと腹落ちさせ、「戦略的問い」を重ね、ビジョンからミッションを引き出すことで、組織の利益は確実にアップするのです。

経営計画を作成する際、指導者の多くが、売上を5年で2倍にするという具体的な目標を顧客に示します。売上を増やすことも大事なポイントですが、肝心の生産性が下がれば売上をアップさせた意味がありません。売上が拡大したにもかかわらず、生産性が下がっているという状況は、リスクを高めただけにすぎないのです。

考え方ひとつで、会社経営はみなさんの人生を幸福にも不幸にもしてしまいます。何より重要なのは、会社経営を通じてみなさん自身の人生を豊かにすることです。そのためにも、もう少しだけ、前提となるポイントを説明させていただくことにします。

まず、人間の心理という側面から考えていきます。

人間の行動原則は大きく2つに分かれるとされており、その2つとは「痛みを避ける」、そして「快楽を求める」と定義されます。これを経営に置き換えると、「痛みを避ける」は危機を回避するための経営施策を意味し、一方、「快楽を求める」とはビジョンを明確化し、そこからミッションを引き出し、その実現に向けて行動するということになります。

つまり、**経営とはビジョンの実現を目指すべきものであり、経営者の多くも頭のなかではわかっていながら、いざ行動する場面になると、どうしても危機回避のほうを優先してしまう**。それが現実に起こっていることではないでしょうか。

コロナ禍では多くの企業が経営施策の見直しを迫られました。

その大半は、生き残るために目の前の危機を回避するというものだったでしょう。

私も経営者の一人として気持ちは痛いほど理解できます。ですが、先が見えないとはいえコロナ禍もいっときの出来事です。いつかは必ず収束します。少なくとも大切なビジョンやミッションを捨て去るほどのものではありません。

こんなときだからこそ、自分たちが本当に実現したいことを再確認し、組織のメンバーに再徹底し、ビジョンの実現のために進むべき方向を共に見つめることが大切なのです。

そんなワクワクした雰囲気を創り出すことも、経営者の大事な仕事です。

ふだんからミッションにもとづく経営を実践できている人は、コロナ禍も数ある試練のひとつにすぎないと考えることができます。ダメなところは今後の成長の材料とし、反対に成長したところがあれば将来に危機となり得る点を自覚する。すべてを「成長計画」として考えられるかどうかが、有事における企業行動の命運を分けるのです。

もっと厳しいことをいえば、非常事態を十分に想定しておくことも経営者の役割です。

それをしている企業はコロナ禍でも成長していますし、「想定外」という言葉を使わない経営者は不況下にあっても社員を頑張らせることなく、ビジョンの実現に向けてブレない行動を取り続けています。

危機感という心理で経営をするということは、社員を過度に頑張らせることと同じです。昨年からのコロナ禍で、みなさんはどのような選択をしてきたでしょうか。

次に、仕組みの大切さについて見ていくことにします。

危機感にもとづく売上優先主義＝「複雑経営」を捨て去り、適切な戦略と管理によって、利益を確保する＝生産性を上げる「シンプル経営」が求められています。

だからといって、経営者の分身のような「優秀な人材」を育てようとすることは、すべて誤った方向を目指すものだと確認してきました。できる社員を育てたいという思い自体はまったく正しいものです。そのために、自分と同じ要素を求めることが誤りなのであって、組織のなかにミッションにもとづく仕組みがあれば、人の問題は確実に解決します。

表現はやや不適切かもしれませんが、凡人が戦力化する仕組みを作ること。

人材を十分に活用できている企業ほど、ミッションの共有が徹底しており、それを前提に役割分担が明確化されており、誰でも確実に役割を果たせる仕組みができあがっています。役割の明確化はモチベーションの向上につながり、行動の質をさらに高めます。

危機感にもとづく経営では、モチベーションが「過度に頑張る」という誤った形をとり、メンバー間に温度差を生むだけではなく、無用な摩擦を生じさせることにもなります。当然ながら、アウトプットの質も大幅に低下します。

だからこそ、人材育成を云々する前にメンバー全員の役割を明確にし、全員がその役割を果たすための仕組みづくりをすることが重要なのです。仕組みとは「役割」や「責任」など行動の基準を明確にして、誰が抜けても同じ状態を維持できるようにするためのものです。日本では頑張ることが美徳であり、伝統的に個人の頑張りに依存してきましたが、それではこれからの競争社会で生き残っていくことができません。

さらに、消費者側の行動基準も変化しています。

かつて消費者は「誰から買うのか」、「頑張っている人を応援したい」という動機によって商品を選択する傾向が強かったのですが、現代の消費者心理では自分に対する損得勘定が最優先されます。つまり、頑張りは以前ほどの成果にはつながらないということです。

特にネットビジネスの進展が、その傾向に拍車をかけています。こうした傾向を理解し、社員を頑張らせない経営へと導くことが、これからの経営者のミッションなのです。

社員を頑張らせないということは、社員に楽をさせ甘やかすということではありません。社員が外圧的なモチベーション（上司からの圧力、売上、生活のため）によって頑張るのではなく、内発的モチベーション（自分の成長のため、大好きなお客様のため、仕事が楽しい）で働くようになる、そんな仕組みづくりが重要なのです。社員を頑張らせる前に、社員の能力を最大限に引き出す仕組みを作ることが重要なのです。

つまり、経営者が行うべきことは、自分の分身を育てるために社員教育を頑張るのではなく、社員が自ら成長するための仕組を整えていくことなのです。

以上、具体的なポイントへ進む前にお伝えしておきたかったこと、経営者にとって必要なマインドセットについて述べてきました。ここまでの内容を十分に腹落ちさせてくださ い。そうすることで、具体的な手法の意味がさらによく理解できるはずです。

第１章のまとめ

☑ 現代の三大潮流を理解し、時代を読み解いていく

❶多様化する社会のニーズ

❷少子高齢化の進行による人口減少

❸超情報化社会の実現

☑ 売上優先の「複雑経営」が４つの弊害を引き起こす

❶顧客からのクレームが増える

❷儲からない会社になる

❸組織が弱体化する

❹社長はいつも不安を抱えたままになる

☑ ミッションにもとづく「シンプル経営」を実践する

❶誰のために、何をするのか／しないのか

❷規模＝成功ではなく、生産性＝成長を重視する

❸大切なのは社員を頑張らせない仕組みづくり

❹仕組みづくりができるのはただ経営者だけである

第2章

頑張らせない経営
その1「戦略づくり」

01

「優良顧客」は会社のブランド力を向上させる

「優良顧客」を創造する

本章では、社員を頑張らせないための経営＝「シンプル経営」の最初のポイントである、「戦略づくり」について詳しく見ていくことにします。「戦略」とはミッションそのものと置き換えることができ、それを具体的に作り込むための方法をお伝えしていきます。

ここでお伝えする順にしたがって「戦略」を構築することによって、「シンプル経営」の実現が可能となります。

最初に考えるべき要素は「顧客」です。とはいえ、前章でもお伝えしたように、すべての消費者をターゲットにするわけではありません。クレームの多い顧客は生産性を低下させ多くのマイナスをもたらします。そうではない顧客＝「優良顧客」をいかに想像するのか。そこが「戦略づくり」の重要な起点となります。

そこで、どんな顧客を自社の「優良顧客」と考えるのかが重要なのですが、多くの企業が「優良顧客」を誤解しています。誤解の原因は、年間の購入金額が多い、または購入頻度が高いといった基準で顧客を判断するところにあります。そんな顧客をここではＶＩＰ客と呼ぶことにしますが、ＶＩＰ客は必ずしも「優良顧客」にはなり得ません。それどころか、値引きや特別待遇を求められ、他のお客様に不快な思いを抱かせるおそれさえあります。

こうした状況にしっかりと対処していくためには、何より会社としてどのような顧客を志向しているのかを明確にする必要があります。

たとえば、「髪の健康と安らぎの時間を提供する」というミッションを定めている美容室があったとします。このお店では、「低価格」「短時間」で髪を切りに来るお客様ではなく、スタッフと会話を楽しみながらゆっくりと時間を過ごしていただくお客様こそが、大切な優良顧客になります。

しかし、売上中心主義をもとにお客様対応をしていると、ＶＩＰ客が毎回「短時間で仕上げて欲しい」と強く要望する、または、大きな声で会話して他のお客様に迷惑になる、といった問題が出てくることもあります。そのような状況に陥ってしまうと、ミッションは浸透することもなく、新規の顧客が増えることもありません。さらに、ＶＩＰ客向けに割引などをしていると、店舗としての生産性も大きく低下していきます。

これは非常に大きな損失ですが、多くの小規模事業者が同じ過ちを犯しています。

自社の「優良顧客」のことを「ペルソナ」と呼びます。

ペルソナの設定が何より重要な理由は、目の前にいるお客様の要望を満たすことこそが顧客満足であるという誤解をなくす点にあります。ニーズが多様化する今の時代において、すべての顧客の要望に応えることはできません。目の前の顧客満足を目指すことが日常になってしまうと、結局は誰の満足も実現することができない、という悲劇が待っています。

だからこそ、「最重要顧客」としてのペルソナを設定することで、ミッションにもとづいて絞り込んだ、本当に大切なお客様への対応力を１２０％にまで引き上げることを目指すのです。それができれば、ペルソナがリピート客となり客層の全体がよくなっていきます。良質なお客様はお店のブランド力を大きく向上させてくれます。

今の時代のお客様は、自分のニーズを満たしてくれるお店を、客層によって判断します。

ペルソナの設定

年齢	55歳
性別	女性
職業	専業主婦
家族構成	夫の両親、夫、子ども2人
世帯収入	700万円
月の小遣い	5万円
健康状態	最近疲れやすくはなっているが健康
趣味	ガーデニング、料理
コンプレックス	心配性
家族の人間関係	姑さんと意見の合わない時もあるが基本的には仲は良い
情報収集	新聞、テレビ、友人
不安に思うこと	親の健康状態、親戚との人間関係　子供の自立　体力の低下、記憶力の低下　老後の生活
不満に思うこと	近所付き合いが時にはわずらわしい　何事も思うようにいかない　夫が家事に協力してくれない
不便に感じること	家を綺麗にしておきたいが収納が狭くて不便をしている　最近の電子機器の使い方が分からなくて困っている
欲求	夫と温泉巡りをしたい　海外旅行に行きたい　自分が打ち込める趣味を持ちたい
親の葬儀に対するニーズ	小さくてもよいので、形式にとらわれずに想いのこもった葬儀をしてあげたい　知らないことばかりなので親身になって相談に乗ってほしい　無駄なことにお金を使いたくない
親の葬儀に対する不安	世間体も考えながら予算と内容を決めたいが、未経験のため無知で死を迎えたときにどうすればいいのかわからない。葬儀に誰を呼ぶのかの判断が自分だけではできない
興味・関心　キーワード	健康についての情報　グリーフケア　ホスピタリティ精神　人間味　親孝行

「最重要顧客」としてのペルソナを細かく設定することで、リピート客のイメージが出来上がり、客層全体の向上につながる

よいリピート客は新規のよい顧客を引き寄せる。この好循環が何よりも大切なのです。

それでも、売上優先の「複雑経営」を実践する経営者はＶＩＰ客を大切にします。

たしかに、大きなお金を落としてくれる顧客は目先の利益にとって重要にも思えますが、ＶＩＰ客からの強い要望に応えているとサービスは必然的に過剰なものとなり、安売りの機会も増えることでしょう。そのような対応をくり返すことは商品やサービスの質が低下するだけでなく、他の顧客にも強い不快感を与え、企業のブランド力をさらに大きく損なうことにもなりかねません。

もはや既存のビジネスでは全員を満足させることはできません。だからこそ、**量ではなく質を重視して、自社のコンセプトにマッチした顧客＝「優良顧客」を創造することが何より重要となってくる**のです。

「ペルソナ」はミッションに共感してくれる顧客に設定する

自らが顧客を「選ぶ」という姿勢に抵抗を覚える経営者も多いかもしれません。

たしかに、こちらから「選ぶ」というスタンスは「上から目線」に映る可能性もあります。しかし、どんな顧客に利用してほしいかをしっかりと考えるのはマーケティングの第一歩であり、そこにおかしな点はまったくありません。

カジュアル派向けの洋服、バリバリの高級志向、どれもが志向としては正解です。

大切なのは、作る側／生み出す側が自分たちのミッションをしっかりと打ち出し、それを望ましいと思った顧客が集まってくる。そのような状態を創り出すことです。いいかえれば、**自社のミッションに共感した顧客＝「ペルソナ」のニーズを本人が気づいていないことまで創造することが、今後の小規模事業者の経営にとっては生命線になってくる**のです。

企業としての目的＝ミッションを理解し、それを支援したいと思ってくれること。それは必ずしも金額で測れるものではなく、真に利用したい、支援したいと思った商品やサービスには相応の出費を進んで行う顧客も少なくはありません。価格とは期待レベルに対してどれだけの価値が提供されるのか、そのマッチングレベルによって決まるものです。そしてミッションとは提供される価値に当然に含まれているといえます。

多くの**「ペルソナ」は、自分の期待にマッチしていることを価値と考え、そこに共感し、購入を選択します。共感のレベルが高まれば、商品やサービスの価値もその分だけ向上し、**

それが市場全体に広がっていくことが期待できます。超情報化社会のところで見たように、今後は拡散のスピードがさらに加速していきます。特にＳＮＳでの拡散スピードは高まり、「優良顧客」はプラスの価値を拡散してくれますが、そうではない顧客にはマイナスだけを拡散するリスクが常に伴っているといえます。

それでは、どのようにして自社のミッションに共感してくれる「ペルソナ」を設定すればよいのか？

そこで大切になってくるのが、自分自身の心の声に忠実になるという点です。

具体的には、やや不謹慎な表現にはなりますが、「好きな顧客」と「嫌いな顧客」という２つの軸で考えることをお勧めしています。前者はこれから増やしたい顧客のことであり、後者は今も今後も増えてほしくはない顧客を意味しています。自分にとって、双方がどんなタイプの顧客であるのかをしっかりと定めること。まずはそこからはじめてみましょう。

ビジネスを好き嫌いで判断することに抵抗を覚える人もいるでしょう。ですが、人間とは自分の好きなことに対してもっとも質の高いアウトプットを発揮する生き物です。つま

ペルソナ設定のポイント❶

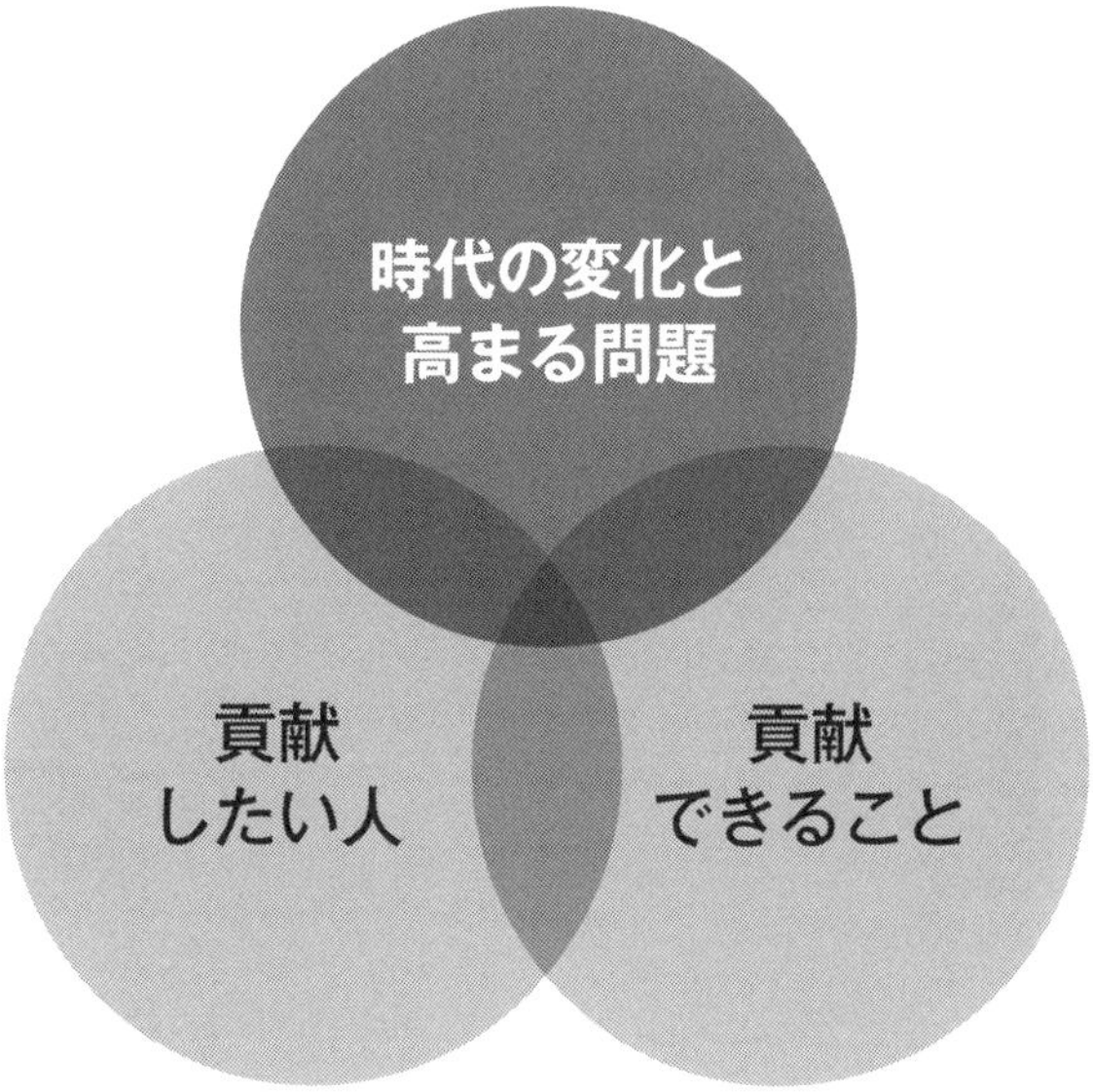

「どんな人が増えたら嬉しいのか」をよく考えたうえで「優良顧客」＝「ペルソナ」を創造していく

り、好きな顧客と仕事をすれば生産性が高まり、嫌いな顧客が増加すればリスクが高まります。「戦略的問い」では「誰のために仕事をするのか」が重要であるとお伝えしてきましたが、それを「増えてほしい顧客のために」と置き換えてもまったく問題ありません。

どんな人に来てほしいのか、どんな人が増えたら嬉しいのか。

どんな人たちに囲まれたら、経営者も社員も幸せに仕事を続けられるのか。

これらの点をしっかりと考えることで、「優良顧客」は確実に創造することができます。

逆にこの点を考えないまま、売上優先主義から価格競争に陥り、すべての客層を相手にした先に待っているものは、マイナスの価値だけが増加し続ける不幸な未来です。

ミッションにもとづく「シンプル経営」が、そんな未来を防いでくれます。そのために、まずは一人でも多く自社の「優良顧客」＝「ペルソナ」を創造していきましょう。

02

「ペルソナの選択」で社員のモチベーションを高める

「ペルソナの選択」を誤るとミッションは実現できない

「ペルソナの選択」次第でビジネスの成功は8割方決まります。

多くの企業は競合他社との差別化を重視する傾向にありますが、顧客にとって差別化が購買の決め手になるわけではありません。顧客が関心を寄せるのは、自分のことだけです。自分にとってもっとも正しい選択とは何なのか。それを支援してくれる企業はどこなのか。それが購買動機の中心にある思いなのです。

「ペルソナ」という観点からみれば、自分の要望に親身に耳を傾けてくれる会社、そして、社員がその仕事に誇りを持って楽しく働いている会社に心を奪われていくのです。つまり、「ペルソナ」からの尊敬や信頼が社員のモチベーションを高めてくれるのです。

大多数の企業には「繁忙期」と「閑散期」がありますが、特に「繁忙期」における社員のモチベーションが高い状態を維持することが重要です。しかし現実は、「繁忙期」になれば現場はピリピリした雰囲気になっていることが多く、こうした雰囲気が単純なミスを多く生み出したり、顧客との心理的な距離が広がったりする原因となってしまいます。

だからこそ、企業が右肩上がりに成長していくためには、特に「繁忙期」において社員のモチベーションが高く維持されていることが大切になってくるのです。

利己的な要求の多いＶＩＰ客に気を奪われている企業では、売上を伸ばすことの大切さを頭ではわかっていても、実際に「繁忙期」になると現場スタッフはお客様が増えることを望んでいない現実があります。反対に、繁忙期にお店の「ファン客」が多く訪れていれば、社員たちのモチベーションは向上し、お客様のためにさらにサービスを向上したいと自ら積極的に考えるようになるのです。

特に、小規模事業の経営者にとって決断することが難しく、コンサルティングの場面でも非常に多くの相談を受けるのが「ペルソナの選択」に関する部分です。その根底にはやはり、売上中心主義にもとづく「複雑経営」があり、「目の前の利益を上げる」という強い誘惑に抗しきれないというのが現状です。できるだけ多くの顧客を獲得する。もちろん、

ペルソナ設定のポイント❷

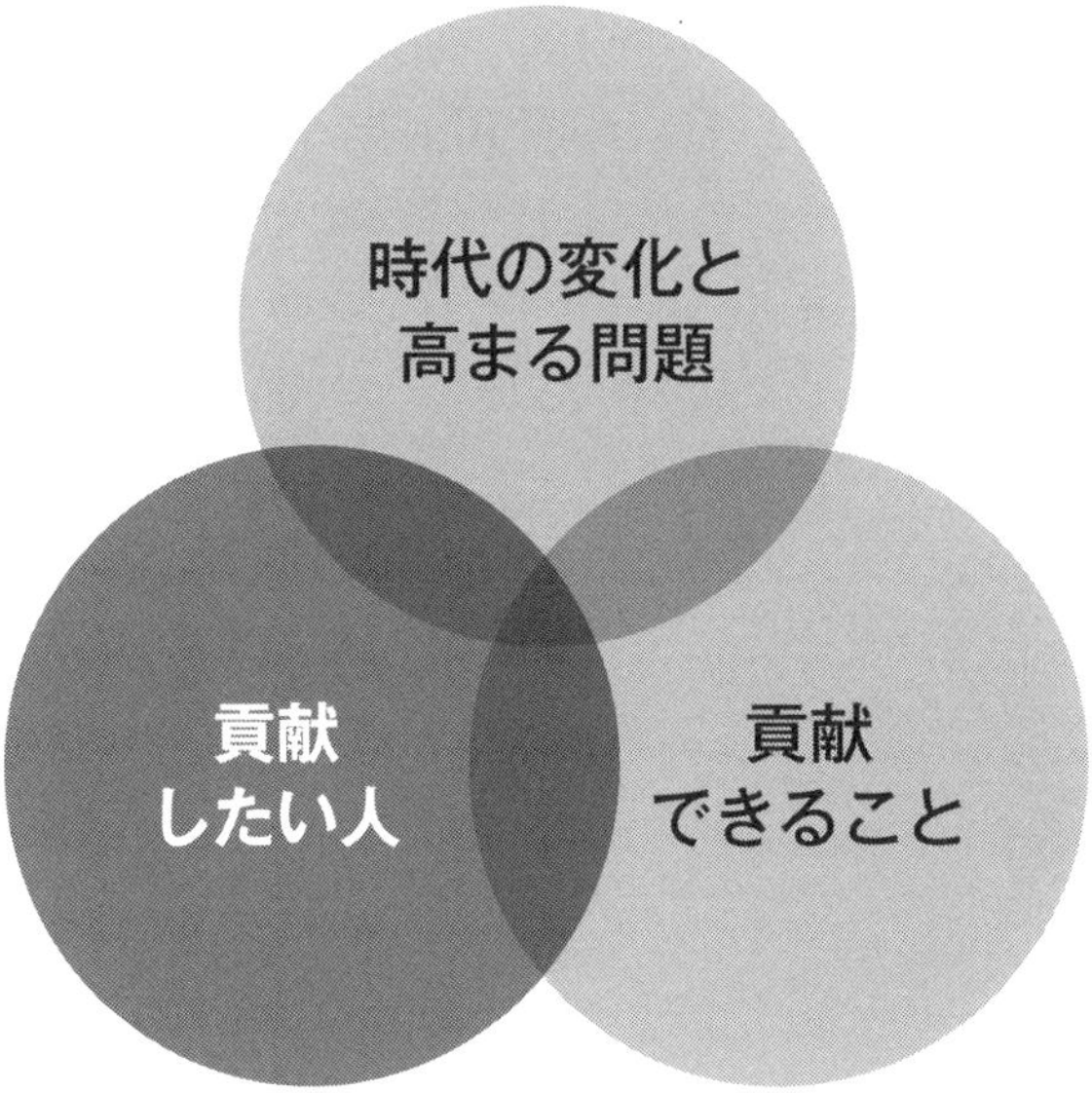

貢献したい顧客を明確にすることで、より正しい「ペルソナの選択」を実現できる

すべてのニーズを満足させられるのであれば、それでまったく問題はないでしょう。しかし、自社にそれだけの強みがあるのか。すべての顧客に対応できる力があるのか。そんな問いかけに、自信をもってイエスといえる経営者がどれだけいるでしょうか。

にもかかわらず、適切に「ペルソナを選択」せず、顧客の質ではなく量を志向する経営者はいっこうに減ることがなく、そのしわ寄せはすべて社員側にきています。やみくもに顧客を増やすことでやることが増え、対応しきれない現場の仕事の質が低下します。大切にすべき顧客へのサービスのレベルが低下することで、現場の社員には不満が高まり、経営者との間で生じるギャップは拡大する一方です。さらには疲弊感が増し、職場にはピリピリした空気が常に充満し続け、ミッションの実現は大きく阻害されることになります。

これはすべて、経営者が「ペルソナの選択」を誤った結果なのです。

「選択」とは「極める」こと

顧客を増やしたいという経営側の思いと、そうしてほしくないという現場の思い。

もちろん、会社として生産性＝利益を上げることは重要であり、現場の社員たちもそれを目指して働いています。ですが、ここで問題なのはそのための手段なのです。会社の利益を「どのように」上げていくのか。その具体的な方法が、社員の持つ強みとしっかりした形でフィットしていること。だからこそ、**社員はやりがいを感じることができ、そのやりがいが会社の業績を伸ばしていくのです。そのサイクルを構築することは、経営者にしかできない仕事であり、「選択」という決断に他ならない**のです。先ほど述べたとおり、特に繁忙期においていかに社員がやりがいを感じられるか。その点を重視してください。忙しいときほど本音が顕在化します。そこで強みを発揮できるのであれば、それは真の強みであると考えてまちがいありません。

くり返しになりますが、すべての局面で強みを発揮し、すべての顧客に対応し、すべてのニーズを満たすことができるのであれば、選択する必要はありません。何よりも大切なのは望ましい顧客の満足なのですから、あらゆるタイプの顧客を望み、満足を提供できるのなら「選択」という決断が入り込む余地はどこにもないといえるでしょう。

しかし、それができる小規模事業者は皆無です。大企業でさえ、すべての顧客のニーズに的確に応えることなどできない時代です。だからこそ、絞り込みをしていくのです。「絞る」といういい方をしましたが、これを「捨てる」と捉えるのは明らかにまちがいです。

会社にとって何が大切なのかを見極めること、誰に対して価値提供するのかをしっかりと見極めること、そのために自社の強みを十分に見極めること。それが「戦略的問い」の持つ効用に他ならないわけですが、**つまり、この問いをフル活用することによって自然とマーケットの選択が可能となります。「絞る」とは「極める」ことに他ならない**わけです。

ここで、「選択」＝「極める」に成功した企業の例を簡単に紹介します。

その企業は店舗の看板を制作・販売しているのですが、「優良顧客」を創造し、さらには「ペルソナの選択を適切に行った結果、何と顧客単価が以前の6倍にもなるという成長を実現しました。高額の設備投資を行ったとか、画期的な技術を開発したとか、そうした類の対応はいっさいしておらず、まさに「戦略的問い」に向き合い、ミッションを明確化して、「シンプル経営」を実践しました。それこそが大きな成長につながったのです。

具体的には、看板を通じてお客様にどんな価値を提供したいのかを明確にしました。

それまでは、価格帯も幅広く設定し、どのような顧客のニーズにも対応するという方針を前面に出していたのですが、それを完全に改めて、「優良顧客」像から導き出される、一番大切にすべきサービスは何かという点を深く突き詰めていきました。

ペルソナ設定のポイント❸

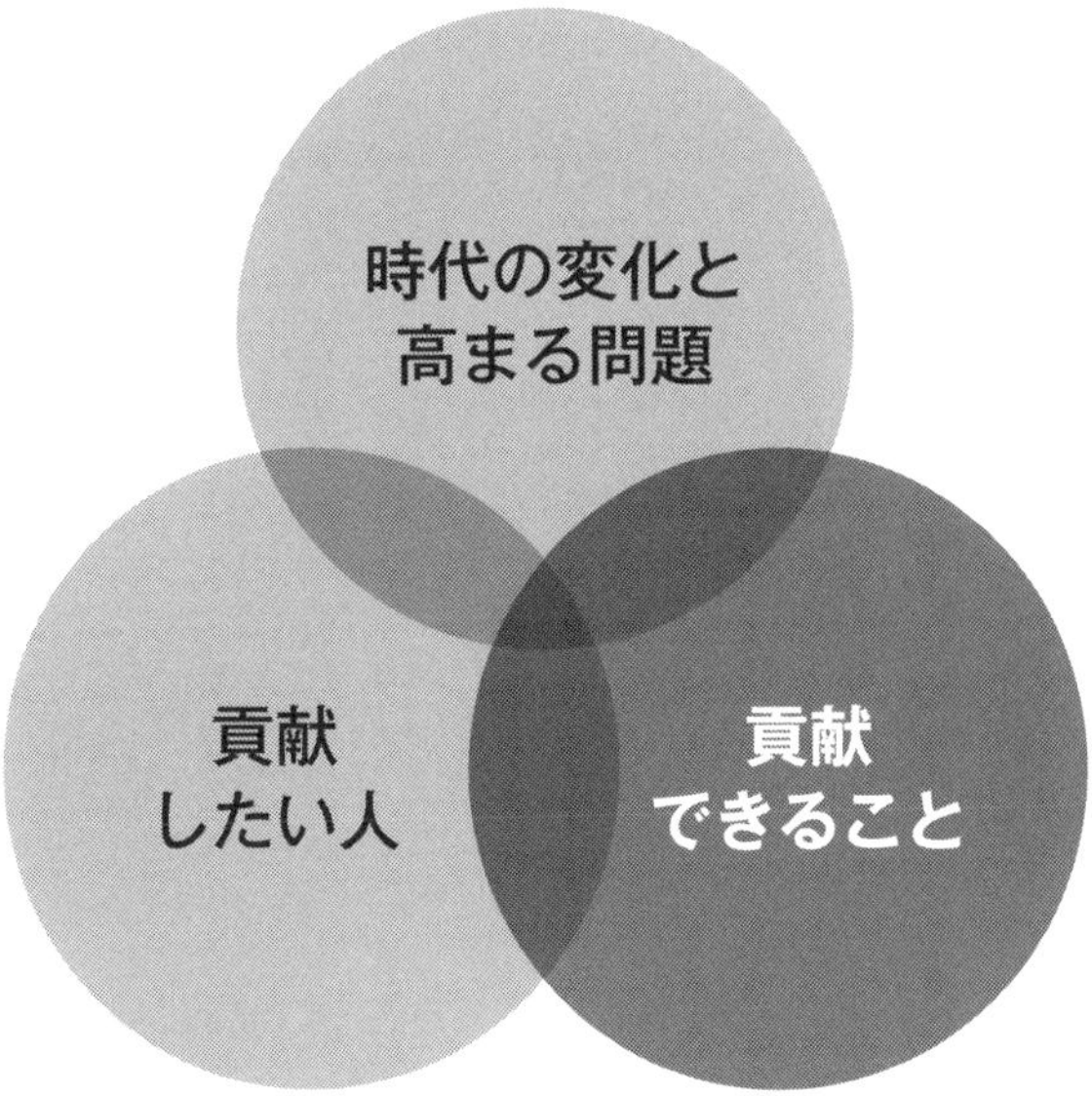

商品を売るのではなく価値を売ることで、顧客のニーズがはっきり見えてくる

商品を売るのではなく価値を売る。それが顧客の真のニーズと一致している。それは文字どおり理想的な状態といえますが、企業としてのミッションを深掘りし、その実現を目指したことによって、6倍もの単価を獲得するという成長を実現しながら、それでいて、顧客満足度も向上するという非常に望ましい成果を達成したのです。

もちろん、現場で汗を流す社員もまた、充実した満足度の高い環境で働いています。

企業の理念とは顧客や社員など、関係する人すべての幸福感を実現するためにあります。幸福感を抱いた顧客は、企業への尊敬と信頼という形でフィードバックを行います。誰からどのように良質のフィードバックを集めるのか。**そのためには何よりニーズとウォンツをハッキリさせておくことが大事です。それこそが経営者の仕事であり、「ペルソナ」を適切に選択することで、双方の見極めをしっかりと行う**のです。

03

「価格設定と商品構成の改善」で生産性を飛躍的に上げる

生産性向上に大切な「価格設定」

ミッションを浸透させる際、最初に確認すべきは「商品構成」との一貫性です。

増えてほしい顧客をイメージし、ミッションを明確にしたあとは、「商品構成」へ視点を移していきます。商品やサービスにはそれぞれ役割がありますが、共通しているのはそれらを提供することによって顧客の問題解決につながらなければならないという点です。問題を解決するからこそ、プラスの価値を提供したことになるのです。どんなにすばらしい商品でも、そのような価値を生み出さなければ売る意味がありません。

いたずらに商品やサービスのラインナップを増やすことは、先にお伝えしてきたとおり人材育成、在庫管理、情報伝達などあらゆる面で生産性を低下させる要因となります。

そのような非効率な状態を引き起こさないためには、真に提供すべき商品やサービスを見極めること、つまり「商品構成」をシンプルにしていくことが大切です。多くの経営者は自社の商品やサービスを「捨てる」ことに強いためらいを覚えますが、それでは半永久的に「複雑経営」の悪循環から逃れることができません。まずは「捨てる」という発想を捨てて、**「ミッションにもとづき「ペルソナ」に提供するべき価値が明確になれば自然に、「商品構成」がどうあるべきかが見えてくるのです。**

誰のために、どのような価値を提供していくのか。

それがわかっていれば、その価値を必要としている人の問題を解決することができます。あとはそれに見合った商品やサービスだけを武器として残せばよいのです。

次に生産性の向上にとって特に重要なのが価格の設定です。

価格を設定する際の考え方として**❶競争志向、❷原価志向、❸価値志向**という3つの志向を挙げることができます。

まずはそれぞれについて簡単に見ていきましょう。

❶競争志向

他社との競争に勝つことを目的として価格を設定する考え方のことです。これが強いと値段は必然的に低く設定されることになります。売上優先主義による安売り競争は、この競争志向を背景として持っている場合が非常に多いといえます。

❷原価志向

商品やサービスの原価から価格を設定する考え方のことです。原価に対してどれだけの利益を乗せるかという観点で値段を決めるため、顧客に提供する価値とのバランスを欠いている場合がほとんどです。よってリピーターを形成することができません。

❸価値志向

顧客に対して提供できる価値をベースに価格を設定する考え方のことです。優良顧客の問題を自社の強みによって解決する。その価値がしっかりと反映されることで顧客の納得感も高まり、企業の生産性も大きく向上することになります。

実際のところ、多くの会社が無意識のうちに、**❶競争志向**または**❷原価志向**のどちらかで価格を設定しています。景気がうなぎのぼりのときにはそれでもよいのかもしれませんが、現在のようなデフレ社会にあっては、すぐに採算が合わなくなってしまいます。

だからこそ、**❸価値志向**で価格を設定することが重要になってきます。

これは一般にいわれていることですが、どの業界でも同種の商品の価格には１００倍の差があります。同じ商品やサービスの値段が、１０００円だったり10万円だったりするということです。自らのミッション＝価値をしっかりと伝えることができれば、１００倍の値段でも買ってもらえるということです。これは逆も真なりで、**価格競争に陥っている会社の問題は価格にあるのではなく、商品に見合った価値を伝えきれていない点にある**のです。

大切なのは「価値志向」

くり返しになりますが、価格の設定は**❸価値志向**にもとづき実施します。

企業としてのミッションをしっかりと定めて、「優良顧客」を創造し、強みにもとづいて「ペルソナの選択」を実践すること。それができているからこそ、顧客に提供するプラスの価値を見定めることができ、問題を解決できれば、それに見合った対価を支払う。つ

価値志向での価格設定のプロセス

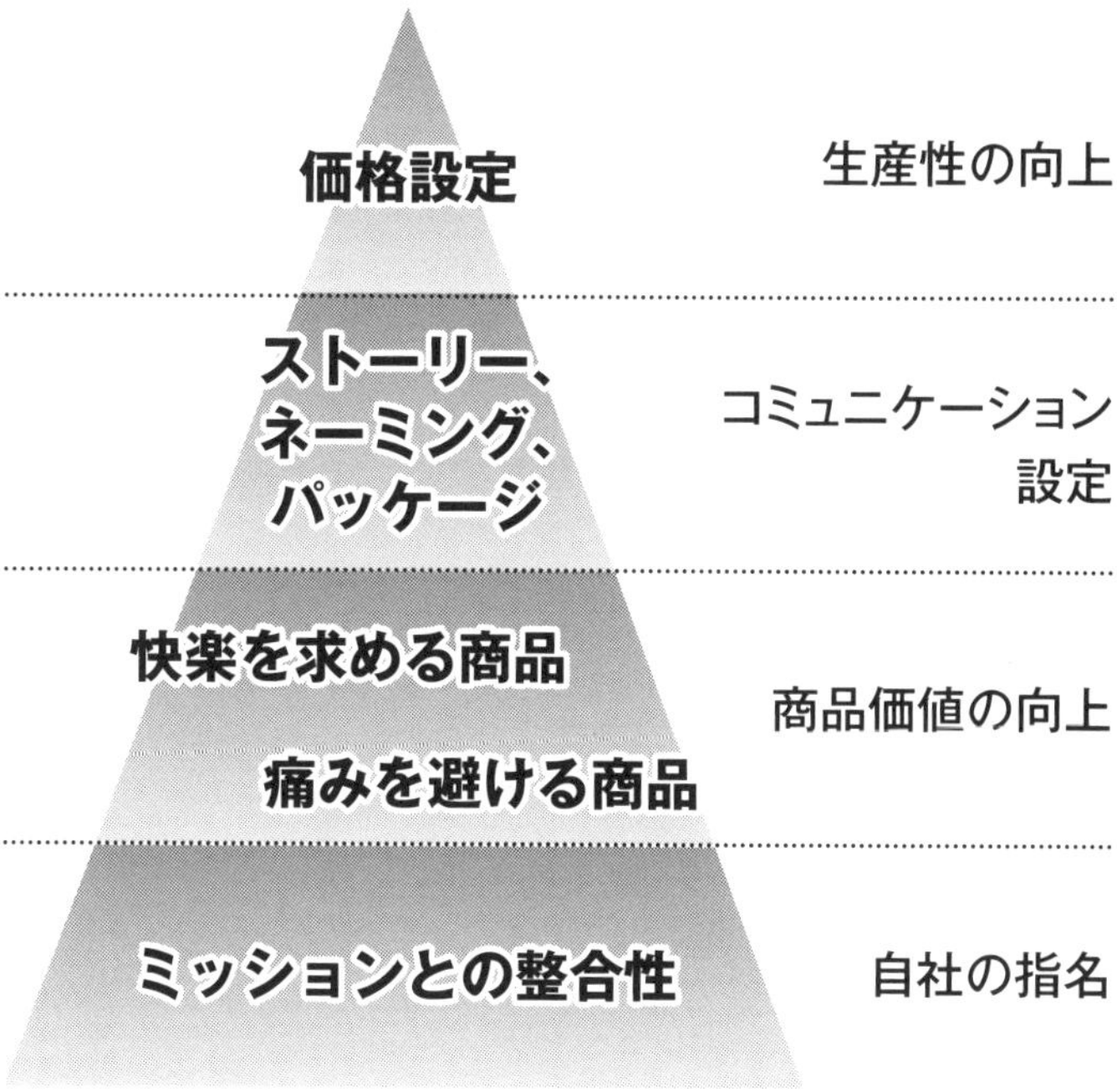

「競争志向」「原価志向」よりも「価値志向」で価格を設定することが重要になる

まり他社との競争や原価にとらわれることなく価格を設定できるということです。

だからこそ企業としての生産性を飛躍的に高めることができ、以前は考えられなかったレベルでの成長を実現することができるのです。

しかし、小規模事業者の多くはこのことに気がついていません。したがって、価格設定を❶**競争志向**もしくは❷**原価志向**のいずれかで行い、「複雑経営」の罠に深く陥っています。どれだけ販売価格を下げても、あるいはどれだけ原価を削っても、社員にかかる負担だけが増すばかりで、状況はどんどん悪くなっていきます。

そんな状況から抜け出すためにも、❸**価値志向**で価格設定し成長を実現した企業の例をいくつか見ていくことにします。

前項でも触れた看板を制作・販売する会社では、看板を単に看板として考えるのではなく、店舗のコンセプトを象徴するツールとして使いたい、そのように考える顧客を主なターゲットに据えることで、顧客単価6倍という成長を実現しました。

制作にあたっては、看板によってどのような結果をもたらしたいのか、どのような顧客を想定し、どんな商品を買ってもらいたいのか、その商品にはどんな特徴＝強みがあるのかをヒアリングし、そのうえで看板のイメージと見積もりを作成するという方法をとりました。通常であれば設置したい看板の概要を確認し、標準的な見積もりを作成する。顧客サイドは相見積もりをとって、もっとも価格の安いところに決めるというやり方が一般的でしょう。しかし、ヒアリングを十分に重ねることで、顧客の想いをしっかりと反映することができ、それが高い満足度と納得感につながります。価値に見合った価格であれば相場の6倍でも双方にとって充実した取引が成り立つのです。

あるラーメン屋さんの件では、エビを利かせたスープが売りという点から、お店の外観に大きなエビのイラストをあしらうという工夫も加えました。このようなインパクトのあるデザインと演出を提供することで、高価格でも買ってもらえるという好事例といえます。

次に、顧客単価を2倍にしたカーコーティング会社のケースを紹介します。

多くの同業者は、「コーティング効果を持続させていくこと」を追求しきれていません。消費者もまた、5年間はコーティングが持続すると表示されていても信頼しきれないのが現状です。この会社は、「いかにきれいなまま長持ちするか」という点に踏み込んで顧客へ価値提供することを考えました。本来コーティングは定着に1週間かかるのですが、多くの業者は半日から1日程度で車を返します。定着前に再び乗りはじめるため、雨などで定着が阻害され、きれいな状態が長持ちしない。そこに一石を投じることを決断したわけです。

最新の機器を導入し、日本では最初の乾燥室を設置することで、完全に定着させてから、しかもできるだけ短期間で納車するというサービスを実現しました。さらに、年式や車種、ガレージの有無や走行頻度などによっても定着レベルが異なる点にもしっかりと配慮し、顧客へのヒアリングも充実させました。

顧客のカーライフに合わせた最適な提案をすることで納得感や満足度が高まり、2倍の値段でも問題なくビジネスが成立するようになりました。

いずれのケースもニーズとウォンツが一致している点が大きな特徴です。それが十分な価値の提供につながり、生産性を高める＝成長を実現させているのだといえます。

ミッション浸透に向けての商品構成

【音楽教室】ミッション:子供の成長支援

売上思考

- 幅広い年齢層の音楽教室
- 楽器販売
- 楽器修理、町立

横に広がる複雑な商品構成

ミッション思考

- 対象年齢を絞った音楽教室
- 英語教室
- ロボット教室

子供の教育に特化した商品構成

ニーズとウォンツが一致していることで、十分な価値の提供につながり、生産性を高めることにつながる

04 「適切な基準づくり」が社員を救う

多様化する現実にどう対応するか

前章の冒頭では、時代の三大潮流のひとつとして、社会のニーズが多様化している現実に触れました。ニーズの多様化とは、顧客においてはもちろんのこと、社員においても同じく生じていると考えてまちがいありません。

顧客の求めるものが多様化しているからこそ、何を提供するのかをしっかりと定める。

飲食業を例にいうと、味は基本であるとして、メニューを提供するスピード、あるいは、おもてなしのていねいさなど、顧客の重視するポイントは大きく異なっています。これらは本来的に相反する要素であり、完璧に両立することは困難です。また、現場がそのどちらを優先すべきか判断することは不可能で、経営者がそこに無関心な現場では、社員はいつでも混乱した状況に取り残されています。特に、アルバイト社員が顧客の様子を観察しながら、臨機応変に対応することなどできないわけですが、それを強いられているのが実態です。

このような現場は、社員への依存度が高いといえます。**社員の考え方も多様化するなか、依存体質のビジネスはますます企業の生産性を低下させることになります。**

だからこそ、経営者は現場に対して方針を明確に示さなければなりません。

接待やデートに使ってほしいのであれば、ゆったりと流れる時間のなかで、可能なかぎりていねいにおもてなしする。その方針をわかりやすい言葉で示すのです。これまで日本人は「空気を読め」という前提でビジネスをしてきましたが、社員の感じ方も多様化するなか、できるだけ解釈の余地が少ない「基準づくり」を心がけていく必要があります。

方針＝基準が明確になっていれば、社員は安心して働くことができます。**何をすべきかはもちろんのこと、何をしないかについても的確に判断することができ、「ムリ」「ムラ」「ムダ」がなくなることで生産性が大きく向上する**というわけです。社員のスキルや経験への依存がいかにリスクをはらんでいるか、ご理解いただけたでしょうか。

誰にとってもわかりやすい「適切な基準づくり」を実践すること。このことが、スキルに依存しない安定したサービス提供の第一歩となります。

これはどの業界にも共通していえることです。

前項で「シンプル経営」を実践し成長を実現した例を紹介しましたが、そこでは顧客への対応方針が明確な形＝基準で示されており、社員の混乱は見られなくなりました。現場として何を優先するのかがはっきりしていればサービスに「ムリ」「ムラ」「ムダ」がなくなり、生産性だけではなく顧客の満足度も高まります。

一方、方針が明確に定まっていない会社では、顧客のいうことであれば何でも聞くという傾向がとても強くなります。顧客の目的を達成するために最適の提案をする力がなくなり、当然のことながら社員の不満も高まります。振り回されることが顧客満足であると誤解し、その結果、社内外から多くのクレームが寄せられます。

「適切な基準づくり」が実践されている現場では、生産性が高まることはもちろん、社員の満足度も向上し、即戦力化が図れるというメリットもあります。

また、私はコンサルティングの際に「再現性」という言葉をよく用いますが、サービスの再現性が高いということは、リピート客を増やすという点で不可欠の要素です。このよ

仕組みづくりの重要性

商品、サービスの再現性

●仕組み化とは、属人的にならずに仕事を進める方法を構築すること！

●仕組み化とは、いつ、どこで、誰が、何度やっても同じ成果を出せる方法を構築すること！

サービスの再現性が高いということはリピート客を増やすという点で不可欠の要素　資料：「他店舗化.com」より

うなメリットをしっかりと生かしながら、経営の安定を目指していくべきなのですが、まだまだ逆の方向を向いている経営者が多いというのも偽らざる実感です。

「見える化」を図ることが重要

「適切な基準づくり」によって社員を安心させ、即戦力化を図り、またサービスの再現性をしっかりと高めることで、現場における仕事の質を全体的に高めていく。それこそが社会のニーズの多様化に対応し、成長を実現する大きなカギであると確認してきました。

ですが、基準を十分に浸透させるためには、さらにもうひと工夫が必要です。

その工夫とは「見える化」を図ること。いくらミッションの部分で立派な基準を作っても、それが誰にも見えるようになっていなければ、浸透のレベルは深まりません。明確な基準をつくることさえ意識が向かない企業が多いなか、「見える化」となると、さらにハードルが高くなっているのが現状です。なぜ多くの小規模事業者がハードルの前で立ちすくむのか、その理由を少し考えてみたいと思います。

ほとんどの経営者が、「何とか社員を守りたい」と考えています。

そのような真摯な気持ちは本当に痛いほどヒシヒシと感じるところです。ですが、それはあくまでも願望であって、経営者として決してほめられるものではありません。こういうと厳しすぎると感じる方も多いかもしれませんが、事実は事実として受け止める。それこそが成長に向けた行動の第一歩なのだと私は確信しています。

先の経営者の願望は、危機感という言葉に置き換えることができます。そして、危機感で仕事をする経営者は「これまで得てきたもの」ばかりに目が行き、それを失うことをおそれさらに危機感ばかりが募るという悪循環に陥ります。

たとえば、コロナ禍のように売上が30％に落ち込んだらどうするのかなど、非常事態を想定し、シミュレーションをしっかり行って対応策が明確になっていれば、不安を抱く必要もなくなるのですが、危機感を抱えた経営者にはその方向に目が向きません。

一方、**ミッションで仕事をする経営者は「これから育てていくこと」を何より大切にし、だからこそ非常事態にも十分に備えることができます。このちがいはとてつもなく大きく、特に有事においては命運を大きく分ける**ことにもつながります。

やはり、大切なのはここでもミッションにもとづく「シンプル経営」です。

そこに意識が向かないからこそ、いつまでに危機感に悩まされ続け、基準を明確化して、さらには「見える化」を図ることによって、他の要素と合わせて企業の成長を加速させる、その大切さになかなか目が向かないのです。

ミッションがしっかりしていれば、生産性は2倍にも3倍にも向上します。

私はクライアントに対して、まずは2倍を目指そうといっています。ミッションを軸に、ビジネスを部分ではなく全体として把握することができれば、それは無理な目標などではまったくありません。これまでは部分最適でも生き残れたのかもしれません。だとしても、これからの時代は全体最適が何より大切になってきます。ブランディング、マーケティング、そして経営、これらすべての観点から考えることが経営者には求められています。

そのためにこそ「見える化」を図っていくことが重要なのです。**経営者の使命感を現場の基準やルールに置き換え、可視化する**ことを心がけましょう。使命感を、そのままの言葉で強調することは過剰サービスへのプレッシャーになりかねません。それを基準として示し、浸透させていくことが大切なのです。それが社員の理解度を高め、**自分のやっていることが顧客の価値につながると理解した社員は大きな幸福を感じることができます。私はいつも、仕事は人を幸せにするためにするための道具でしかないといっていますが、幸**

福度の高い組織こそが成長を実現できるというのもひとつの真理です。

しかし、仕事に振り回され悩み、挙句の果てに自殺する人までいるのが現実です。いかに経営判断が重要であるのか、改めて考えていただきたいと強く願います。

第2章のまとめ

☑「優良顧客」は会社のブランド力を向上させる

消費者は客層でブランド力を感じている。良質な客がどう評価してくれているのかが重要

☑「ペルソナの選択」で社員のモチベーションを高める

誰の問題を解決したいのか、どんな問題なら自信を持って対応できるのか。強みを十分に見極める

☑「価格設定と商品構成」で生産性を飛躍的に上げる

今の商品構成で顧客の問題は解決するのか？　自社の適正価格は決まっているのか？

☑「適切な基準づくり」が社員を救う

何をするのか。そして、何をしないのか。「見える化」がサービスの質を高め、顧客の満足度向上につながる

第3章

頑張らせない経営
その2「財務」

01

「投資判断」のミスが問題を生み出す

「投資」の意味を正しく理解する

社員を頑張らせることなく生産性を飛躍的に上げる。そんな「シンプル経営」の2つ目のポイントが、これから見ていく「投資」です。経営とは「投資回収業」ともいわれますが、多くの経営者はそのことを認識していません。「投資」に対する回収の割合こそが生産性に他なりません。投資回収業という認識を持たない経営者が生産性を上げられないことには何の不思議もないのだといえます。

私はクライアントに対して、5年で生産性を2倍にするという目標を提案します。

これから5年間をかけて、「投資」に対する生産効果を2倍にするという提案です。単に**生産性を2倍にするというだけでは見えてこない点も多いなか、そこに「投資」という**

観点を入れることできわめて具体的な輪郭を描くことができます。激動の時代において、たとえ規模＝売り上げが2倍になったところで、生産性が上がらなければリスクが高まる結果に終わってしまいます。そして多くのリスクを抱えた先に待っているものは、日々ひたすらに生き残りだけを考える、不幸な経営でしかありません。

「投資」に対する経営者の判断如何で、状況はどちらにも転びます。だからこそ、経営者は適切な「投資」についての理解を持つべきなのですが、そのために、「投資」とは具体的に何を指すのかを見ていくことにしましょう。

私が考える「投資」には3つの種類があります。

まず❶**戦略投資**、次に❷**システム投資**、そして❸**人材投資**の3つです。この3つについて簡単に解説させていただきます。やや回りくどい表現にはなりますが、適切な「投資」とは何かを理解するためには、まずは「投資」とは何かを正しく知る必要があるということです。ここでしっかりと「投資」についての知識を身につけてください。

❶戦略投資

戦略づくり、研究開発費、販促費、接待費など、売り上げの向上に直接的な影響を与えるコストを戦略投資と呼びます。多くの経営者は戦略投資＝「投資」という誤解をしていますが、これはあくまでも3つのなかのひとつでしかありません。ここではこの区別を十分に理解しておくことが重要です。

❷システム投資

店舗、機械、システムなど、組織として再現性を高め、生産性を上げるために必要なコストをシステム投資と呼びます。狭い意味でのシステムとは、受発注や顧客管理、販売さらには人材育成などを管理する仕組みのことですが、システム投資とはそれを超えて、生産性の向上という目的に沿ったもの全般を含んでいます。

❸人材投資

採用、教育、給与・賞与、法定福利費など人に関わるコストを人材投資と呼びます。企業がもっとも多く負担するのは人件費であり、固定費のおおむね半分程度を占めています。人にかかわる費用をただコストとだけしか認識しない経営者は多く、「投資」という観点を正しく持ち合わせているケースは非常に少ないのが現状です。

3つの投資

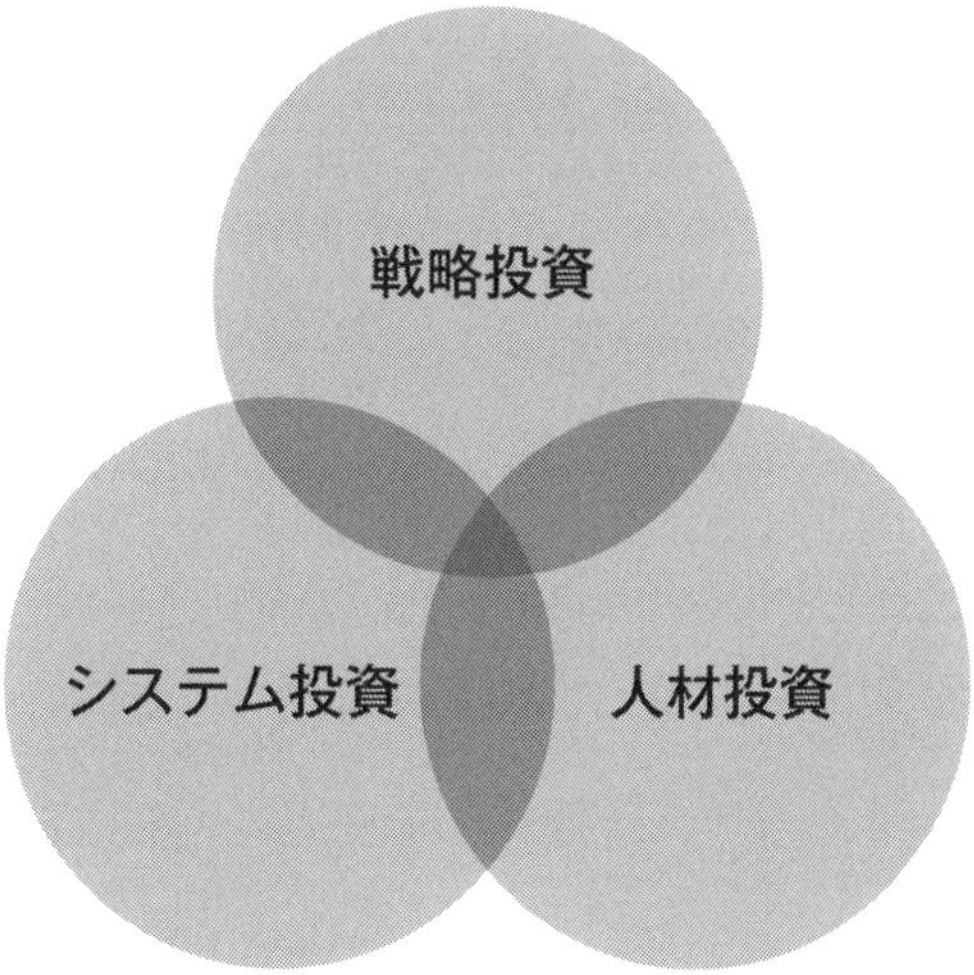

戦略投資
戦略づくり、商品開発、販売促進、接待など売上アップに関する投資

システム投資
店舗、機械、販売システム、人材教育システムに関する投資

人材投資
採用、教育、給与、賞与、法定福利費に関する投資

3つのタイプを理解することで、適切な「投資」を実行することができる

これらの理解を前提に、適切な「投資」とは何かを見ていくことにします。

適切な「投資」にとってもっとも大切なのは手順なのですが、この手順にもミッションが深くかかわっています。ミッションを決めてから「投資」を行うこと。それができなければ、多くの問題が生じ、生産性を上げることなどまったく不可能になってしまいます。ここでもやはり、ミッションを基軸に据えることがもっとも重要であるという点がわかります。

ミスのない「投資判断」のために

「投資判断」のミスとは、ミッションを定めないまま、あるいはミッションとの結びつきを欠いたまま、やみくもにコストをかけるという行動として現れます。たとえば、強引な規模の拡大やリスクヘッジのための新規事業などがあげられます。短期的には利益を生む可能性も十分に考えられますが、少し長いスパンで考えたとき、顧客の嗜好が変化し、利益どころか赤字しか生み出さないというお荷物に転じるリスクが高いといえます。

そんな状況に陥ってしまうと、業態転換によって起死回生を図るなど、すべてが後追いの対応となる可能性が高まります。ミッション＝戦略と紐づかない「投資」は、目の前にあるものを買ってもらう理由にはなっても、リピーターとして買い続ける理由には決してなることがありません。

あるいは、戦略があいまいなまま人手が足りないという理由だけで新規採用を行うこと。このような安易な採用は、教育のための費用と時間を多く要求する一方で、ミッションをふまえた基準を欠いているために、定着率が低い状況にとどまる場合が多いといえます。

人材先行、システム先行など、**ミッションを欠いた「投資」はすべて、手順をまちがった不適切なものと考えて差し支えありません。それらは典型的な対処型経営であり、明らかに状況を悪化させるマイナス効果しか発揮することがない**のです。そのような「投資」には、まったく意味がないと断言することができます。

しかし、多くの経営者は、そうした手順の誤りを認めることがないまま、社員に依存した現場対応によって解決を試みます。それが社員のモチベーションを低下させ、生産性を下げ、どんどん泥沼の底を目指していくことにしかならない点は、ここまでの記述からでも十分ご理解いただけるものと考えます。

だからこそ、まずはミッションを定めたうえで、再現性を高めるための方法を模索する。そのために、どこにどのようなコストを、なぜかけるべきなのか自問自答し、自分としても納得のいく答えを見つけたうえで「投資」を行うという手順が重要になってきます。

もっとも高い人件費も、それがミッションとしっかり紐づいていなければ、湯水のように捨ててしまうことにしかなりません。すべてをコストではなく「投資」という観点で考える。そのように考えるからこそ投資判断の重要性を理解することができ、一方、多くの経営者はコストという認識しか持っていないことに気がつくのです。

「投資」という言葉に即していうならば、これからの時代は規模ではなく、自己資本比率、生産性、社員の待遇といった点が企業の価値となっていきます。定量的（年商や社員数など）な経営だけではなく、定性面（顧客満足や社員満足など）にもしっかりと意識を向けること。上位概念はむしろ定性のほうだと考えてください。多くの経営者は仕事を優劣で判断しますが、優劣とは優先順位の差でしかないことをよく理解できていません。優先順位を決めるのはミッションにもとづく定性的な理解であって、それがわかれば「投資判断」にミスが生じることもありません。

最適な投資手順とは

投資の手順

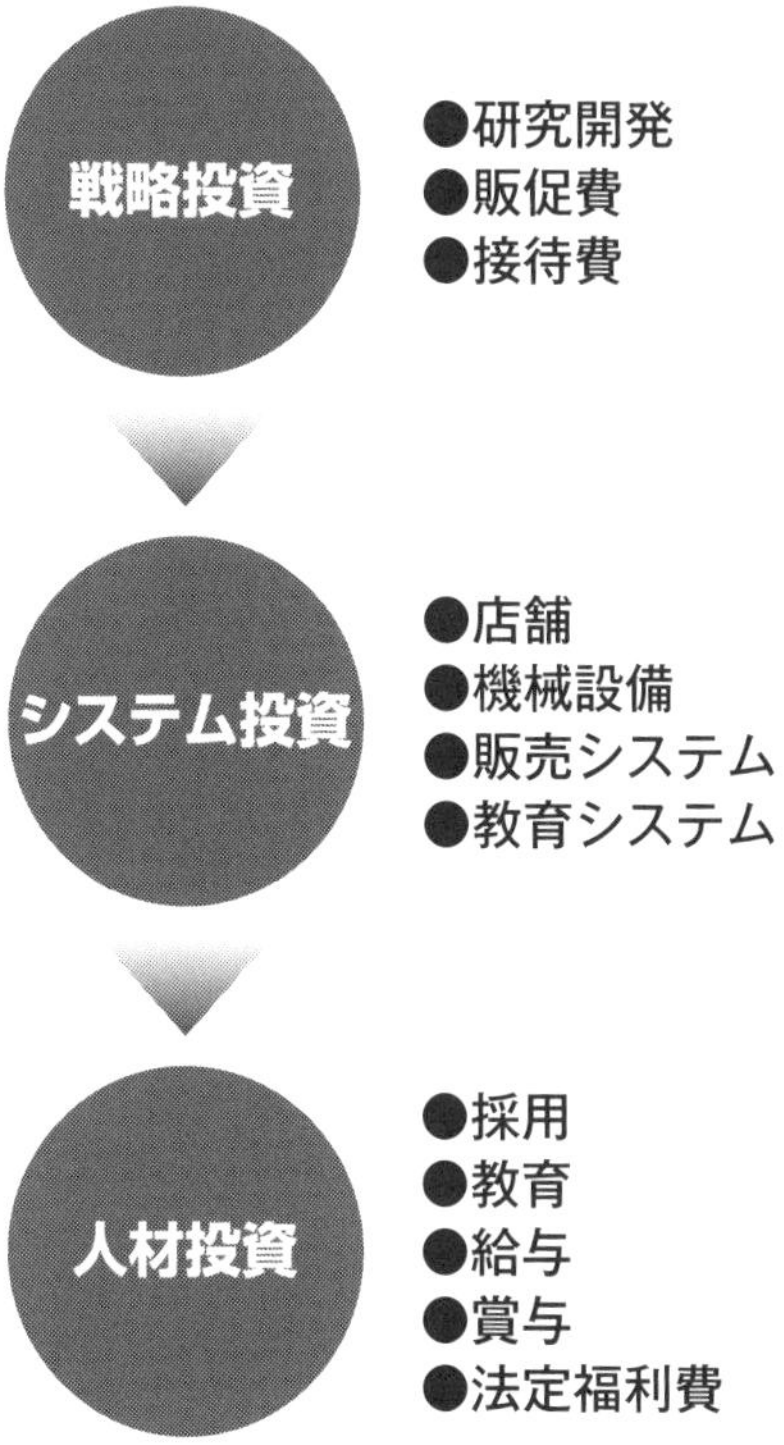

ミッションを踏まえた手順で投資を行うことで、より効果的な結果を得ることができる

時代の変化とともに優先順位の答えも変わっていきます。それをしっかりフォローすることが経営者の役割であり、「目的」と「目標」を意識し、それらを社内の共通言語とする=「見える化」を図ることによって、変化の波にも問題なく対応していくことができます。

なお、「投資」の失敗には過剰投資という問題もあります。自社の稼ぐ力以上にコストを投入する行為を過剰投資と呼びますが、その背景には常に「人がいれば売り上げが伸びる」「この機会があれば売り上げが伸びる」「この場所に出店すれば儲かる」「こうしたスキルを身につければ儲かる」といった意識があります。

これらはまさに、売上優先主義にもとづく「複雑経営」の結果であり、多くの経営者がこの罠に陥っているのが現状です。

02

「戦略投資」で勝ちパターンをつくる

まずは「主戦場」を明確にする

私は子供の頃からずっと野球に打ち込んできました。中学時代から強豪校へ越境入学し、高校時代には、春のセンバツ甲子園大会に4番センターで出場したこともあります。残念ながら、前年の秋に足を疲労骨折して一冬を棒に振り、最悪のコンディションのまま最初で最後の甲子園を迎えることになりました。チームは初戦敗退。私も結果を残せず、プロ野球選手の夢を断念することになりました。

野球に詳しい方はご存知でしょうが、強いチームには勝ちパターンが存在します。「エースが投げる」「4番が打つ」はもちろんのこと、分業が進んでいる昨今では、終盤の7・8・9回を鉄壁の継投で乗り切るという勝ちパターンが顕著になってきています。

少し前のドラゴンズであれば山本昌から岩瀬、タイガースの場合にはＪＦＫトリオ。選手の名前がコールされると、相手チームのファンはその時点で負けを覚悟したものです。

その後、幼い頃からの夢を失った私は悶々とした時期を過ごしていましたが、大学時代に起業家を目指す友人と出会ったことがきっかけで、自分も起業という新たなグラウンドで次の夢を追いかける決意を固めました。40歳になる頃まで、私にとっての野球とは悲しい挫折の経験でしかありませんでしたが、いくつかの困難を乗り越えたとき、その経験こそが宝であると気づくことができました。

そんな宝のひとつが、勝ちパターンの重要性を知ったことです。

ビジネスの世界においても、勝ちパターンを明確に築き上げることで、生産性を向上させ安定的な成長を実現することが可能となります。端的にいうと、**勝ちパターンの構築には、自社がどの市場でビジネスを展開していくのか＝「主戦場」を明確に定めることが必要で、そこで必要になってくるのが、ミッションそのものとしての「戦略」なのです。**「戦略」がなければ、それを立てるところからはじめます。主戦場＝自社の強みを発揮できる市場とはどこなのか、強みを発揮していくために必要な基準とは何なのか。それらを明文化し、組織に浸透させたうえでやっと、次のポイントである「投資」に移ることができるのです。

ミッション＝戦略を定めたうえで、それを具体的な投資行動へと落とし込んでいく。この順番を誤った先には、くり返しお伝えしてきたような悪循環が待ち受けています。

なかでも、勝ちパターンと深く結びついているのが「戦略投資」です。

「戦略投資」とは、前項でお伝えしたとおり、商品開発や販売促進など、売り上げの向上に直結する投資のことをいいます。どんな顧客の問題を解決したいのか、自社の強みはどんな問題を解決することができるのか。**2つの問いの答えが一致した場所に、主戦場はその姿を明確な形で表してきます。まずは、高単価であっても顧客に高い満足度を提供する「商品・サービス」を開発すること。それが何より優先すべき投資になります。**改めて野球に例えるならば、商品やサービスとは、グラウンドでプレーする選手たちに他なりません。充実したラインナップを揃えることができれば「山本昌→岩瀬」や「JFK」のような最強の勝ちパターンを築くことができます。「戦略」とは監督が定める選手の起用方針であり適材適所が何より重要です。ある球団はかつて他チームの4番打者ばかりを集めていましたが、そんな「戦略」では勝ちパターンを構築することなどできないのも当然で

ミッションマーケティングフィールド

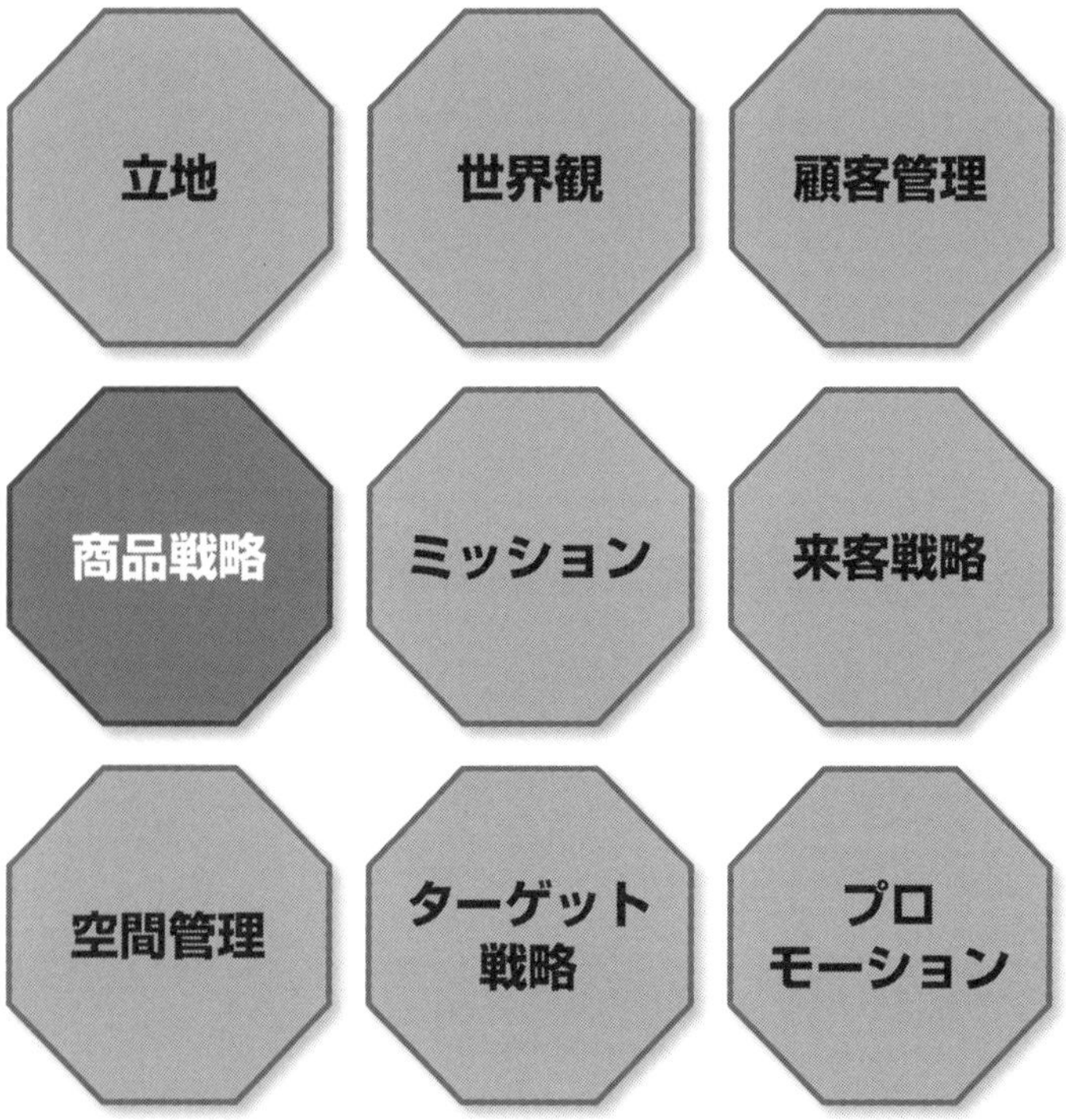

ミッション＝戦略を定めたうえで、それを具体的な投資行動へと落とし込んでいく

す。どんなによい商品を揃えていても、それが「戦略」と紐づいていなければ機能しない。つまり、勝ちパターンにはつながりません。

ミッションを明確化し「戦略」を立て、それを現場にしっかりと落とし込み、そのうえで最強のラインナップを構築する。この順番を守ることの重要性に気づかないかぎり、いくらお金をつぎ込んでもそれが回収されることはないといえます。

右ページの図に示したのは、私が開発した「ミッションマーケティングフィールド」と呼んでいるものです。マーケティングの全体最適を実現するために、ミッションを軸として8つの要素の一貫性を実現する。そのような目的のために作成したものです。

まずは中央下にあるターゲット戦略とその上のミッションを構築して「戦略」をつくります。次にミッションを軸とし、左の商品戦略（商品の品質基準）、右の来客戦略（サービスの品質基準）に定めた研究開発を行うことで価値パターンをつくるのです。

他社にはない勝ちパターンをつくることが大事

先ほどはラインナップだけに触れましたが、「戦略投資」において考えるべき点を正確にお伝えするならば、商品のラインナップに加えて、価格設定、さらにはサービス内容という3つの要素をあげる必要があります。

商品構成と価格設定がともに重要な要素である点はすでに記載したとおりです。また、サービス内容も基準を明確にし、再現性を高めることで、生産性の向上に直結したものへと仕上がっていきます。**これら3つが「戦略」と密接な形で紐づいていれば、勝ちパターンづくりはほぼ完成したのも同然です。**

とはいえ、多くの小規模事業者は勝ちパターンづくりに失敗しています。

ミッションからの落とし込みができていない、まさにその点に根本的な原因があります。それはたとえば、規模の拡大や忙しさの解消という目的のために新たに人を採用するなど、人の問題に投資の矛先を向けるという誤解となって現れます。

しかしながら、チームの方針が明確になっていなければ、ドラフトではどのような選手を指名すべきなのかが定まりません。つまり、**商品やサービスの内容が定まっていなければ、それを現場で扱うための最適な人材を採用することなどできない**というわけです。ここを理解していない経営者にかぎって、すぐに人で問題を解決しようとします。FAに依存したチームづくりが必ずしもうまくいかないことは、今ではすでに常識となっています。どんなピースが欠けているのか。4番打者なのかストッパーなのか。足りないところを補うには、何が足りないのかがわかっていなければなりません。それにもかかわらず、多くの経営者は「4番打者集め」をくり返すことで問題をさらに悪化させてしまっているのです。

チームの特色はそれぞれに異なります。選手たちの持つ強みのちがいによって、戦い方も大きく異なってきます。つまり、勝ちパターンとは、決して一様ではないということです。自らの強みに合った戦い方のできるチームが、優勝にもっとも近い位置にいるといえます。

いかにしてそうした戦い方を見出すのか。**どうすれば他社にはない、自社の強みを最大限に発揮できる勝ちパターンづくりができるのか。それを考え抜くことこそが経営者の最**

大の仕事であり、経営者にしかできない仕事なのだといえます。

小規模事業者の課題もまたそれぞれに大きく異なっています。したがって、それぞれにどのような「戦略」を立てるべきなのかを本書のなかで具体的に示すことはできません。それはコンサルティングを通じて実践すべきことです。

その代わりにここでは、大手企業との戦略のちがいについてお伝えし、それをみなさんの勝ちパターンづくりの参考にしていただきたいと思います。大手企業は、商品の研究開発に多額の費用を投入することができます。それは社長直轄のプロジェクトである場合も多く、コンセプトを定めるところから研究開発部門に指示することができます。

しかし、小規模事業者でそれをやってしまうと現場が大きく混乱します。優秀な社員ほどムリを重ね、くり返し見てきたような悪循環へと陥ることになります。経営者は「戦略」があいまいなまま丸投げするのではなく、方針を明確にしたうえで具体的に指示を出します。**小規模事業者の勝ちパターンで重要なのは、「高単価でありながら顧客が満足する」という基本軸です。この軸に沿って「戦略」を構築することが経営者の仕事**になります。

大手はマーケティングにも資本を投下することができ、そこで投資効果を判断し、時代のニーズに合った商品を作り変えていくことが基本軸となっています。そのためには優秀な人材を集めることが重要で、投資の一番の行き先も組織づくりとなっています。残念ながら小規模事業者にはそれに耐えるだけの体力がないため、勝ちパターンをつくるところからしっかりと準備していく必要があるのです。

売り上げではなく、勝ちパターンをつくること。この優先順位をしっかりと押さえて、投資の効果を高めていくのです。

高単価でありながら顧客が満足する

小規模事業者の基本軸に沿って「戦略」を考えていくうえで特に重要となる点を、最後に簡単にお伝えします。それは「シンプル経営」の原則というべきものであって、それだけにとてもシンプルな内容になっています。

自社にとっての適正な粗利率を定め、固定費の範囲を決めて、そのなかで運営する。これらを実践することによって、高単価と顧客満足の両立を目指していきます。安売りは適正な粗利率を阻害します。安易な採用は固定費を大きく圧迫します。**自分で決めたことをしっかりと守り続ける。大切なのはこのような管理のスタンスに他なりません。**

いくら現場が努力を重ねても、安売りや過剰サービスが行われているかぎり、利益が出ることは決してありません。そのような対処ではなく「商品・サービス」の品質を保つための管理や、適正価格にもとづき値崩れを起こさないような管理をしっかりと行っていくことが重要なのです。それでも、多くの経営者は管理ではなく努力を目指してしまいます。努力すれば何とかなる。たしかにそれも真実ではありますが、少なくとも経営においては誤りといわざるを得ません。

努力や気合は長続きせず、それだけで頑張っていると「ムリ」「ムラ」「ムダ」が生じます。現状からの上積みを目指すこともできません。努力よりも管理。これからの時代を生き抜く経営者は、この点をしっかりと肝に銘じておく必要があります。

03

「システム投資」で安定成長の基盤をつくる

「システム」が安定成長を支える

ここでいう「システム」は狭い意味でのシステム＝情報システムだけを指すのではなく、それらを含むもっと広い意味での仕組み全般のことであるとお伝えしてきました。ここで改めてその点を確認しておきたいと思います。特に「システム投資」の重要性をしっかりと理解するためには、この認識が非常に大切だからです。

商品の受発注や顧客管理、販売状況の管理、あるいは人材育成。

こうした仕事の局面に「システム」を導入し、それを中心に活動することができたなら、仕事の効率は確実に増すといえます。経営者だけではなく社員全員が、効果的かつ効率的に動くことができるからです。前章で「仕組みづくり」の重要性に触れましたが、ここでいう**「システム」とは基準を見える化し、誰もが同じようにアクセスすることのできる状態へと組み上げたもの**のことをいいます。だからこそ、情報システムだけではなく、広い意味での仕組み全般を指すといえるのです。

このような「システム」があれば「ムリ」「ムラ」「ムダ」がなくなります。ミッションの意義が社員全員に浸透し、再現性の高いサービスを継続することができます。それが企業としての生産性を飛躍的に高める結果につながります。まさに**「システム」とは、安定成長を支える重要な基盤であり、そこへの投資がいかに重要であるかを教えてくれます。**ミッションから順に考え、目指すべき姿を仕組みのレベルにまで落とし込む。そのためにかけたコストは、必ずや高い生産性というリターンを与えてくれるはずです。ミッションを軸に置くことで、高い回収効果が期待できるということです。

これからは、「AI」「5G」「IoT」とテクノロジーの進化は加速します。現場の作業は人が行うべきなのか、それとも「システム」に移行するべきなのか。この判断が命運を分けることになります。だからこそ、コストが高く不安定な人材投資の前に、安定して働いてくれるシステム投資を考えるべきなのです。この投資の手順を誤ってしまうと、さまざまな問題が引き起こされることになります。

しかし、多くの企業が「システム」を基軸として行動することに失敗しています。**「システム」を効果的に導入することができなければ、部門間・階層間・社員間において、それぞれ独自の判断や解釈にもとづき行動する**ことになります。そのようなことになれば、組織の内部は「ムリ」「ムラ」「ムダ」だらけになり、いたずらに忙しさは増し、現場で働く社員のモチベーションは著しく低下します。当然のごとく、生産性は低下し、その穴埋めのために経営者は規模を追求し、悪しき売上中心主義がもたらす負のスパイラルに飲み込まれます。まさに不幸な経営＝「複雑経営」を実践してしまうことになってしまいます。

つまり、どんなにすばらしいミッションを定めたとしても、どれだけすばらしい「戦略」を立案しても、それを**再現性の高い行動＝企業としての安定成長を支える「システム」の形にまで組み上げることができなければ、十分とはいえません。**

そのような失敗を犯さないためにこそ、「システム投資」が重要になってきます。適切に資本を投下することで、社員全員が安定的に質の高いサービスを提供できる環境づくりが可能になります。多くの経営者はこの点に意識が向かないので、適切な「システム投資」を実践することができません。

「心技体」に例えるならば、ミッションとはまさに「心」そのものであり戦略に置き換

システム投資を「心技体」に例えると

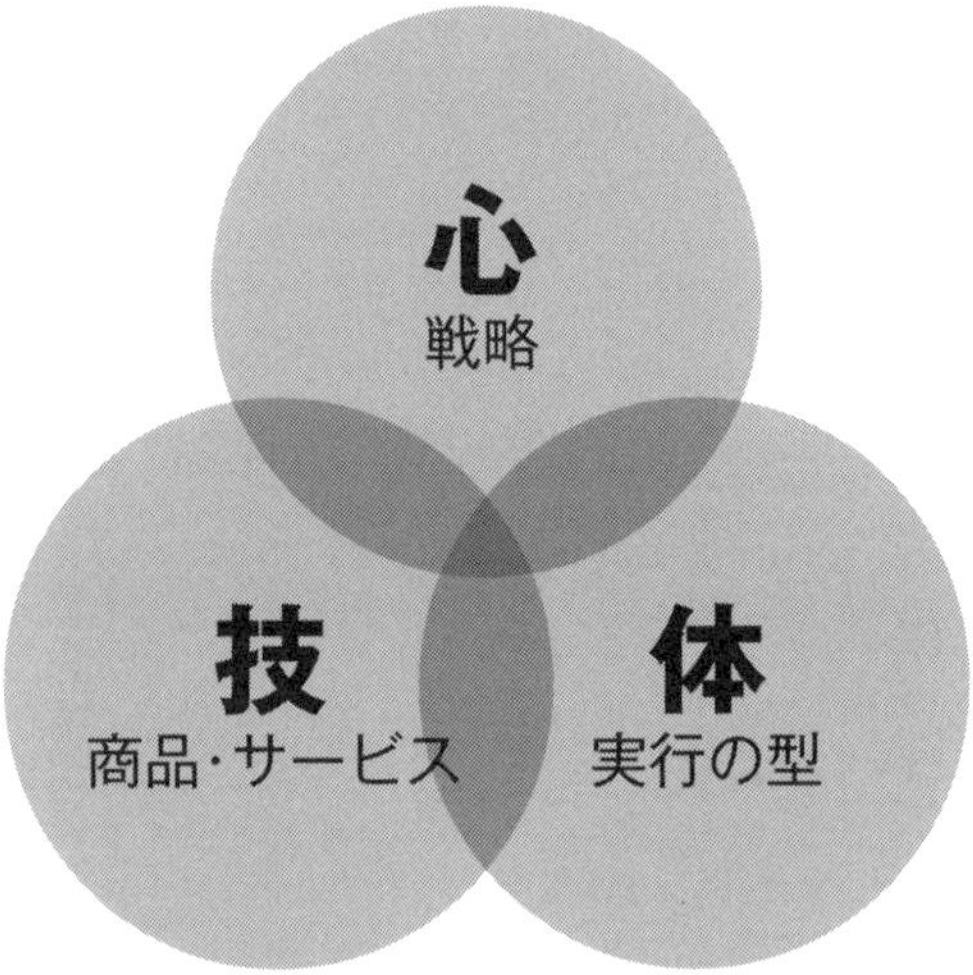

「心」はミッション、「技」は商品・サービス、「体」はシステムになる

えることができます。商品やサービスが「技」になります。そしてシステムは行動するときの「型」となり「体」と置き換えることができます。

しっかりとした型を身につければ、安定的に「技」を繰り出すことができます。つまり、社員全員がスムーズに行動できるようになり、それが高い生産性を支える基盤となります。

やはり過度に社員へ依存しないことこそが安定成長のベースに他なりません。それをここでしっかりと腹落ちさせていただきたいと思います。

何のために「システム」を使うのか

多くの企業が「システム投資」に失敗していると書きました。ここではその原因について見ていくことにします。負の理由を確認することで同じ過ちを回避する。「失敗は成功の母」といわれるように、失敗の理由には学ぶべき点が実に多く含まれています。

失敗の一番の原因は、何のための「システム」を使うのかを理解できていない点にあると私自身は理解しています。コンサルタントとして多くの経営者の相談に乗ってきましたが、システム化の目的を理解できている経営者は非常に少ないのが現実です。典型的な誤解は、今やっている複雑な業務を軽減するためだけに「システム」を活用する、というものです。いいかえれば、業務の複雑さを「システム」で補うという発想自体に誤りがあるのであって、だからこそ、システム化以前にやっておくべきことにまで目が向かないのです。

システム化以前にやっておくべきことは2つあります。

ひとつには業務の単純化。そしてもうひとつは業務の標準化です。単純化とは入り組んだ業務プロセスの課題を分析し、複雑にしている要因を発見して取り除き、単純なプロセスの積み重ねへと組みなおす作業をいいます。そして標準化とは、スキルや経験にかかわらず、社員の誰もが大きな困難を覚えることなく実践できる、そんな再現性の高いプロセスへと落とし込む作業を意味しています。

ここでも手順が非常に重要であり、**単純化→標準化→システム化の順番で行わなければ成長を支えるレベルの「システム」を組み上げるまでには至りません。**

目的を理解していない経営者は、システム化さえ行えば何とかなると甘く考えています。その場合に想定しているのは主に狭い意味でのシステム＝情報システムの導入なのですが、**どれだけ情報システムにお金をかけたところで、肝心の業務プロセスが単純化も標**

準化もできていなければ、本来の目的を達成することなど絶対に不可能です。

ここで失敗の具体例をひとつ紹介させていただきます。

その会社では商品の受発注システムを導入することに決めました。ですが、導入に向けた準備をスタートさせてすぐに、大きな壁にぶつかることになりました。それまで伝統的に、同じ商品であってもお得意様には安い価格で販売してきており、それだけでなく値引きの割合が複数のお得意先によってちがっていたことから、見積もりを作るという作業ひとつシステム化できないという現実に直面したのです。

ひとつの商品に対して複数の値段が存在している時点で、システム化が困難であるとの事実に、経営者さえ気づくことができなかった。いわれてみれば当たり前のことでも意識が十分に備わっていなければ、自ら課題を発見することは難しいといえます。つまり、決して他人事などではないということです。

このように、システム化以前に行っておくべき2つのプロセスをともに欠いた状態では、システム化が成功する理由はかぎりなくゼロに近いといわざるを得ません。いいかえれば、「戦略」なきままに作業の軽減だけを目的とするからこそ、かえって問題が大きく、解決が困難な状況へと陥ってしまうわけです。

システム化のためには、正しい目的を理解すること。そして単純化と標準化という２つのプロセスを確実に実行しておくこと。これらが必要不可欠です。**業務をシンプルなものにし、何を基準にチェックや管理を行うのかを明確化し、そのうえで自動化を図るからこそ、真の効率化につながっていく**のです。

規模を追求する「複雑経営」では、何をして何をしないかがあいまいなままです。それが現場を混乱させ、よくわからないまま仕事を続けることで生産性が低下していくのです。経営者として、そのような事態だけは何があっても避けなければなりません。

04

「人材投資」で社員の育成を最速化する

採用の前に考えるべきこと

多くの経営者が、「戦略」や「システム」を整えることなく「人材」に投資する。そんな過ちに気づいていない事実をくり返しお伝えしてきました。ミッションがあいまいなまま、ただ忙しいという理由だけで新たに人を採用する。それではいつまでたっても安定成長は見込めません。「急がば回れ」ということわざのとおり、「人材投資」には、ここまで詳しく見てきたような準備が必要です。**社員の育成を最速化するためには、事前準備にしっかりと時間をかける必要があることを十分に理解してください。**

事前準備の要点を端的に述べると、人を採用する前に人が育つ仕組みを作っておくこと。そのような仕組みづくりが重要だということになります。

人が育つ仕組みには、**❶評価制度、❷教育制度、❸採用基準**の3つがあり、まずはこれらが意味するところを確認していきます。3つの要素がしっかり連動していなければ、社員の成長は不安定なものとなります。職場の問題は大きくなり、離職率もいっそう高まります。そのような負の連鎖を回避するために、それぞれの内容を十分に理解する必要があります。

❶評価制度

企業にとって必要な人材像を明確にすること。どのような社員であってほしいのか、どのような社員が評価の対象となるのかを明確に定めたうえで、それを制度の形に落とし込んでいきます。基準となるのは行動であり、職位や立場に応じて求められる行動を、解釈の余地が入らない形で明文化します。さらに、部門や職場に対しては、求められる仕事の内容を明確に示します。これらの制度によって、縦と横をつらぬく一貫性のある評価が可能となります。

❷教育制度

評価制度を明確に定めることができれば、評価の対象となる行動を再現するための教育制度の準備に取りかかります。ミッションを浸透させ、社員全員が共有している状態を創り出すこと。そのために必要な教育とは、ただ理念を語ることだけでなく、望ましい行動の内容を明文化し、日々の行動に落とし込めるように整え、行動内容をチェックしフィードバックする、その仕組みを徹底することに他なりません。必要なスキルやマインドなどを、誰が見てもわかるように整備することが重要です。

❸採用基準

評価制度と教育制度が整ってはじめて、採用基準を整備することができます。組織に必要な行動が何であるのか、社員に求める人間性とはどのようなものなのか、それが明確になっているからこそ、適した人材像を定めることができるのです。大切なのは表面的なスキルや経験だけを定めないこと。何より、自社のミッションにマッチする人材であること。そんなパーソナル部分を大切にしてください。

多くの小規模事業者は、これら3つを明確に定めることがないまま、教育や採用を漫然とくり返しています。社員の側も、何をどうすればよいのかもわからないまま何となく教育を受けているというのが実態です。そうした対応が成長につながる確率はかぎりなくゼ

人が育つ仕組み

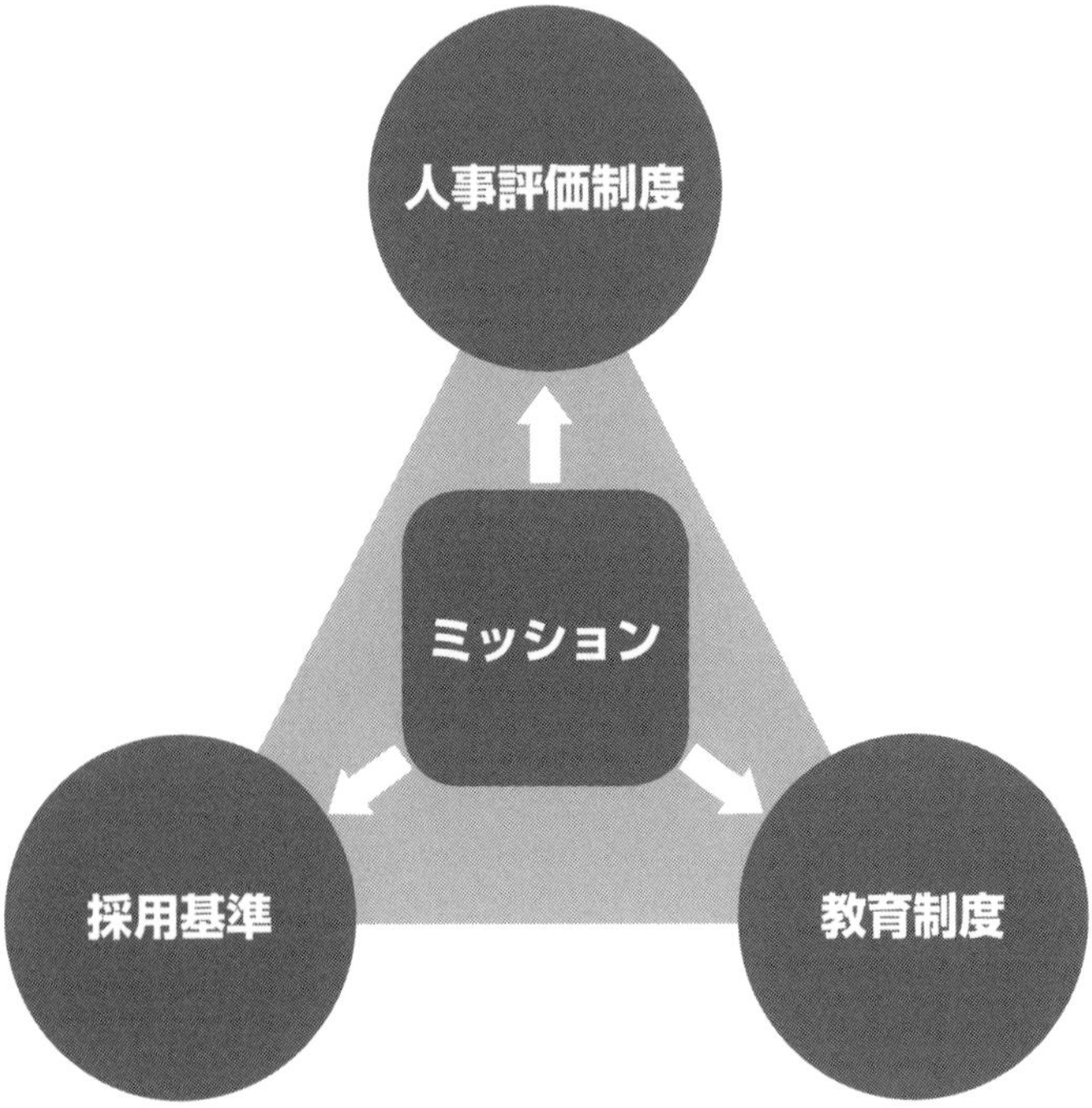

ミッションを中心に「評価制度」「教育制度」「採用基準」を組み立ててみる

ロに近いのですが、特に会社が危機に陥ったときには社員が一気に離れていくことになります。

明確な基準を持たない経営者は、評価の理由を利益に求めてしまいます。スキルや成長の努力＝プロセスではなく「いくら稼いだか」＝結果だけが重視され、モチベーションの源はただ利益だけという状態が訪れます。だからこそ、会社が危機に陥る＝利益がなくなると、社員の気持ちは簡単に会社から離れていくことになるのです。

明確な制度や基準、そして手順の大切さ。ぜひともこの点をご理解ください。

「人が育つ」仕組みをつくる

多くの経営者が犯している失敗について、さらに詳しく見ていきましょう。

特に小規模事業者では評価基準をつくれずにいるケースが多いと感じています。本来は社員の成長を評価すべきところ、明確な基準がないために成長の度合いを測れない、そんな悪循環が生まれています。**理想的な評価制度とは、スキル評価（技能の評価）、パーソナル評価（人間性の評価）、マネジメント評価（管理の仕方の評価）がバランスよく整え**

られた制度であるといえますが、特に重要なのがパーソナル評価です。パーソナル評価の際には、その人の考え方はもちろんのこと、周囲に与える影響についてもしっかりと考慮に入れる必要があります。ここが明確になっていないとスキルや売上優先の組織になり、組織の全体最適が大きく阻害されることになってしまいます。そして、多くの小規模事業者では、実際にこのような状況が広く蔓延しているのです。

失敗の原因は明らかに、売上優先主義にもとづく「複雑経営」にあります。

組織としてのミッションがしっかりと定まっていないからこそ、**何をする／しないのか、何を強みとして考えればよいのか、といった点があいまいなまま、やみくもに頑張るという最悪の選択を社員はする**ことになります。しかし、そのような頑張りは評価制度がないため正当な評価を受けることがありません。こんなに頑張っているのにまったく評価されない。社員のモチベーションは大きく低下し、再現性も低くなり、サービスの質は右肩下がりです。このような悪循環はさまざまな問題を引き起こし、組織全体が最悪の選択へと進みます。

社員教育においては、安易に外部研修に頼ったり、思いつきの取り組みをしたりといった悪い状況が生まれます。自分たちに求められている行動がどのようなものであり、それらをどのような手順で伸ばしていけばよいかがわかっているから社員は安心できるのですが、それがわからないのでは状況は悪化するばかりです。**特に重要なパーソナル教育が適切に行われないままでいると、スキルや実績のある人から先にやめていくリスクが高まります。自分が必要とされている理由がわからないから、不安を解消できない**のです。

さらに、このような状況に陥ると採用のミスもくり返されることになります。

中途採用がひんぱんに実施されるようになり、転職をくり返す人が多く集まってきます。もちろん、すべての人がそうだというわけではありませんが、確率だけでいえば利己的などパーソナルの部分で問題を抱えている人が多くいます。そのような人が組織内に増えると、当然のことですが人間関係に問題が生じ、その人が活躍すれば他の社員がやめていくなど、企業風土にとっても明らかにマイナスの影響を与えることになります。人材の即戦力化を急ぐあまりミッションと紐づかない人材育成に走り、その不足を、ミッションを欠いたまま実施する採用によって補う。そんな悪循環が支配することになるのです。

小規模事業に関わる経営者の多くは、販売のプロであっても経営のプロではない場合が

組織運営に求められる能力と役割

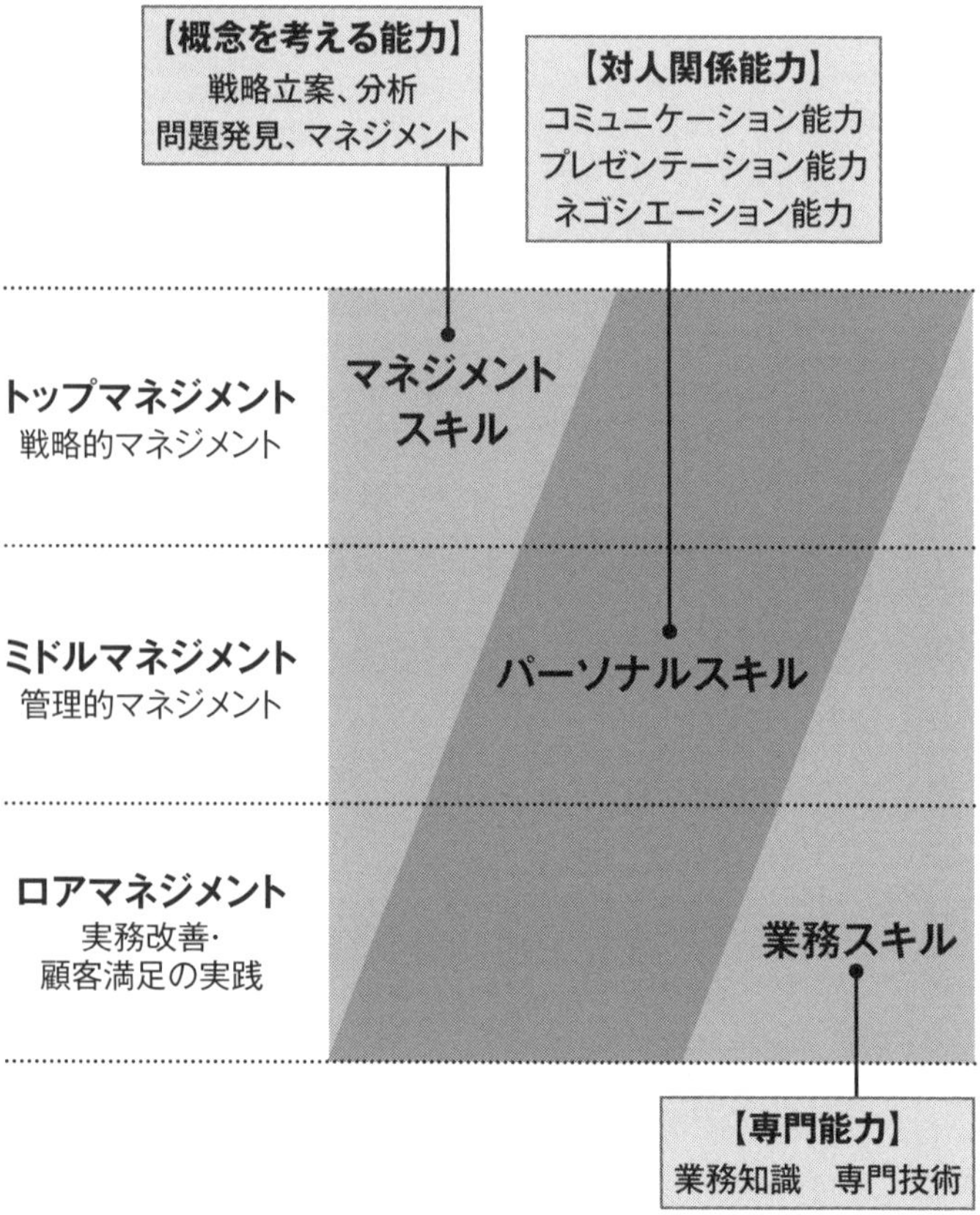

理想的な評価制度とは、スキル評価、パーソナル評価、マネジメント評価がバランスよく整えられた制度のことを指す

ほとんどであるといえます。経営力の基準がどこにあるのかも理解できていません。そして社員にばかりしわ寄せがいき、成長の源泉となる社員の幸福が損なわれています。

みなさんはぜひ、適切な「人材投資」によってそうした状態を回避してください。何より大切なのは「人が育つ」仕組みであって、そのために先に見た3つの要素を確立するのです。特に教育の面では、パーソナル教育・業務スキル教育・マネジメント教育の三本柱をしっかりと構築し、バランスのよい制度を目指してください。多くの経営者はスキルを重視し、大切な人間性には目を向けない傾向を持っています。だからこそ、人間性を重視した教育や採用を実践していくのです。

大切なのは積極的に挨拶する、人の話をしっかり聴く、会議等の場で積極的に発言する、この3つです。ぜひとも参考にしてください。

第３章のまとめ

☑「投資判断」のミスが問題を生み出す

投資の手順は❶戦略投資→❷システム投資→❸人材投資の順に行うことが重要

☑「戦略投資」で勝ちパターンをつくる

基本軸は「高単価でありながら顧客が満足する」こと。戦略に紐づいた「商品、サービス」の開発で勝ちパターンを構築する

☑「システム投資」で安定成長の基盤をつくる

「システム」とはすべて行動の基盤となる「仕組み」のことである。投資の際には、単純化→標準化→システム化のプロセスを忘れずに

☑「人材投資」で社員の育成を最速化する

「評価制度・教育制度・採用基準」の３つを明確に定める。いずれもミッションとの結びつきが重要である

第4章

頑張らせない経営 その3「組織デザイン」

01

「幹部の混乱」が社員の負担を増やす

経営者が引き起こす「幹部の混乱」

第1章では、できない社長が引き起こす4つの弊害についてお伝えしました。

その3番目の弊害として、誤った人材投資による組織の弱体化という点を指摘しました。

多くの経営者が考える「優秀な人材」とは、自分の代わりを務めてくれる人材です。自分の意図するところを理解し、それにしたがって行動してくれる。多くをいわなくても、多くを理解してくれる。そのような人材の候補を採用し、育成することが必要な人材投資であると強く信じて疑わない経営者を実に多く見てきました。

しかし、くり返しますがこれは大きな誤解であり、組織の弱体化を引き起こします。

特に、幹部社員に与えるマイナスの影響は大きく、それが弱体化を招く原因となります。

経営者は、「優秀な人材」に対して大きな期待をかけます。いずれは会社を支えてほしい、自分のような人材に成長してほしい、それまで自分のノウハウをしっかりと注ぎ込みたい。そんな思いを強く抱きながら、日々のあらゆる接点で期待を伝えようと考えます。

もちろん、このような思いは理解できなくはありません。しかしながら、まったく賛同することはできません。

その理由として指摘したいマイナスの影響とは、幹部社員に大きな誤解が生じる点です。**期待を受けた幹部社員は、自分に対する客観的な視点をなくしてしまいます。期待とは本来、実力よりも大きいはずですが、それを同じ、もしくは実力の方が大きいと誤解してしまうリスクがきわめて高くなります。**そしてリスクが顕在化してしまうと、自己研鑽の努力を怠ってしまったり、自分は経営者の想いを代弁しているのだから思ったとおりに現場を動かしてもかまわないと考えてしまったりと、行動面での問題が生じることになります。

しかし、問題はこれだけにはとどまりません。

自分の思いどおりに組織を動かすことは、経営者であっても簡単なことではありません。幹部社員がそれをやろうとすると、困難はさらに大きなものとなります。にもかかわらず、自己評価が甘くなり誤解を重ねた幹部社員は、その原因が自分にあることに気づきません。経営者に問題がないのであれば、現場に問題がある。だからもっと現場へのプレッシャーを強くする。経営者に問題があるのならば、そのような人にはもはや仕えたくない。

すでに自己評価が過度に高くなっているので、**物事がうまくいかない現状に直面した幹部社員は大きく混乱する**ことになります。最悪の場合、退職して会社を去るところまで、火の粉は拡大していきます。組織にとっては大きなマイナスです。

なお、自己評価が甘くなることなく、経営者の期待と向き合っている幹部社員もなかにはいるかもしれません。しかし、**その場合には、経営者からの一方的な思いがそのまま大きな混乱の原因となるもの**といえます。自分の意見は受け入れられず、ただ経営者の意のままに行動することだけを求められる。仕事に対するやりがいも、自分自身の幸せも、少なからず犠牲にして働く日々が続くことになります。そのような状態が長続きするとは思えません。このようなケースにおいてもまた、退職のリスクが高まる結果につながります。当然ながら組織に与えるマイナスの影響は非常に大きいといえます。

このような「幹部社員の混乱」は、すでに理解されている方も多いものと想像しますが、現場で働く社員にもマイナスの波及効果をもたらし、現場を弱体化させることになります。

組織全体でみれば、二重三重のマイナスが生じるわけです。その原因はすべてミッションを欠いた経営者の考え方にあるわけですが、その悪影響を深く理解するために、現場で起こる弊害について、さらに詳しく見ていくことにしましょう。

「幹部の混乱」が現場を弱体化させる

先ほど述べたように、「幹部の混乱」を引き超す経営者にはミッションがありません。すべてを戦略に紐づけて考えることができていれば、このような混乱はまったく生じる余地がないといえるのですが、戦略と紐づけられない経営者は、これまでのスキルや経験と勘だけで物事を決定します。そのうえで、戦略の策定と管理を幹部社員に押しつけるというパターンがほとんどです。仮に経営者はオールラウンドプレイヤーであるべきだとしても、それを部下に対しても要求するのは明らかに誤った行為です。たしかに、**部下への期待とはポジティブな感情ですが、それが常にポジティブな結果を生むというわけではありません。そもそも、感情で経営するという姿勢に問題があるのです。**

経営者の誤った考え方によって幹部社員が大きく混乱する。その要因は右のような次にあると考えてまちがいありません。

混乱した幹部社員は、期待を受けて自分を課題評価している場合にはなおさら、経営者と同じスタンスを現場に対して示すことになります。現場に期待している。自分の思いをよく理解し、その期待に応えてほしい。自分がやっているとおりにすれば大丈夫。どうするかは自分たちで考えて。あとはよろしく頼むよ。そんな形で現場に指示が下ろされます。そして現場に何を感じるのかという点に意識が向くことはほとんどありません。

一方、経営者の期待には染まらなかった場合には、経営者の意向と現場の思いとの間で、文字どおり「板ばさみ」の状況に置かれることになります。ミッションのない場当たり的な指示に対して、現場は当然のように反発します。しかし、現場の意見が通る可能性が非常に低いことも幹部社員はよくわかっています。どっちつかずの状況に経営者と現場の双方がいら立ち、幹部社員はただ疲弊するばかりという悪循環が生まれます。

このように、**「幹部社員の混乱」が生じている場合には、どちらのパターンであっても、現場はひどく弱体化する**ことになってしまうのです。

それでも、多くの経営者は自分の分身を育てようとしています。そして、そのほとんどがうまくいっていない現状にあります。「売れる営業マンを育てたい」と必死に頑張っている企業もありますが、その思いが強すぎることで売上優先主義に陥り、多くの営業マンによる安売りや過剰なサービスが生産性の低下を引き起こしている。つまり、悪しきスパイラルに陥っていることに気づかないケースが非常に多いというのが率直な実感です。

よく働く社員を育てたいという勘違い、または、よく働くことをよしとする組織では、目的や目標とつながらないことでも頑張る傾向が、社員には強く認められます。この場合、固定費のなかでもっとも大きな予算を費やす人件費がムダに動いているといえ、会社の競争力を大きく弱体化させる結果になっているのだといえます。

一方、人材育成に成功している数少ない企業では、能力の高い社員を育てることよりも、能力は普通でも十分戦力になるような仕組みづくりに力を入れています。

その背景にはミッションとしての戦略があり、戦略に紐づいた組織の形があります。

ミッションの策定は、経営者だけに許された重要な仕事です。期待する幹部であっても、部下に任せることなく、自分で基準を決めることが何よりも大切なのです。このあと詳しくお伝えするように、組織づくりには外部ブレーンとの連携も必要になってきます。そのときブレーンに振り回されることがないよう、ミッション＝自分の軸をしっかりと定めておく必要があるのです。組織の問題も同じく、戦略と紐づいていなければなりません。すべての経営の原点はミッション＝戦略にあるのです。このような観点からも改めて、その重要性を強く認識していただけたものと考えます。

02

「組織デザイン」で激動の時代に対応する

激動の時代に対応する組織とは

組織を強くしていくためには、「幹部社員の混乱」をなくし、現場の弱体化を防ぐことを考えなければなりません。その第一歩がミッションとしての戦略を立てること。その戦略にしっかりと紐づく形で組織づくりを行っていくことでした。こうした組織づくりのことを、私は「組織デザイン」と呼んでいます。安定成長の実現にとって「組織デザイン」はもはや、必要不可欠な要素であるとさえいうことができます。

とはいえ、変化の激しい時代にしっかりと対応していくには、戦略との一貫性に加えて、さらに考えるべき点があります。前項の終わりに少しだけ触れましたが、外部ブレーンとの関係構築がきわめて重要な意味を持ってきます。大きく変化する時代においては、すべてを社内だけでまかなうことはできません。組織の強みと弱み。前者をできるだけ増やし後者をできるだけ少なくすることが、激動の時代には大切なのです。外部ブレーンを起用し良好な関係を築くことによって、**彼らが有する強みを活用する＝自社の強みを増やすことができ、また、外部からの視点を取り入れることによって、それまで気づかなかった課題を認識し、弱みの解消につなげていくことができます。**つまり、これからの小規模事業者にとっては、外部ブレーンをいかに活用するかがカギになってくるということです。

その際に必要となってくるのが、外部ブレーンの活用スキルに他なりません。経営者にはこのスキルを高めることが求められている一方、ほとんどの会社では十分な活用ができず、失敗に終わっているというのが実情です。ホームページの作成ひとつをとっても、もっともふさわしいブレーンを見つけ、依頼することができていない企業が非常に多くあります。

外部ブレーンの活用スキルを高めるうえで必要なのはどのようなことでしょうか。

あるいは、単に「外注」するのではなく、「外部ブレーン」として活躍してもらうには、どのようなことを知っているべきなのでしょうか。

重要なのはやはり、自分たちは何をすべきか、何を大切にしているのかという基本です。つまり、会社にとってのミッションを、自分たちで十分に理解できているということです。たとえば、Ｗｅｂ集客の仕組みを構築したいと思ったとき、値段や記載された実績だけでは発注しないこと。自社の経営の目的やＫＰＩを明確に伝えることで、それを実現するために共感をもって取り組んでくれる相手に発注することを考えるべきなのです。それができる制作会社を全力で見つけるべきなのです。

ちなみに、ＫＰＩとは「Key Performance Indicator（キーパフォーマンスインジケーター）」の頭文字を取った略後で、日本語では「重要業績評価指標」と訳され、「引き合い案件数」「顧客訪問回数」「歩留まり率」「解約件数」など、目標の達成に向けたプロセスを測定するための中間目標を指しています。ＫＰＩをもとに、中間地点で歩みを振り返り、できていること／できてないことを明確化し、次のプロセスにつなげていく。そのための大切な指標こそがＫＰＩなのです。

しかし、実際には相手の得意パターンに依存し、または相手のいいなりになって、「外注」させられている企業が多いのです。**その原因とはまさに、ミッションがないこと。または、ミッションを十分に浸透させせられていないことにあります。**つまり、外部の業者との関係

機能的組織体制

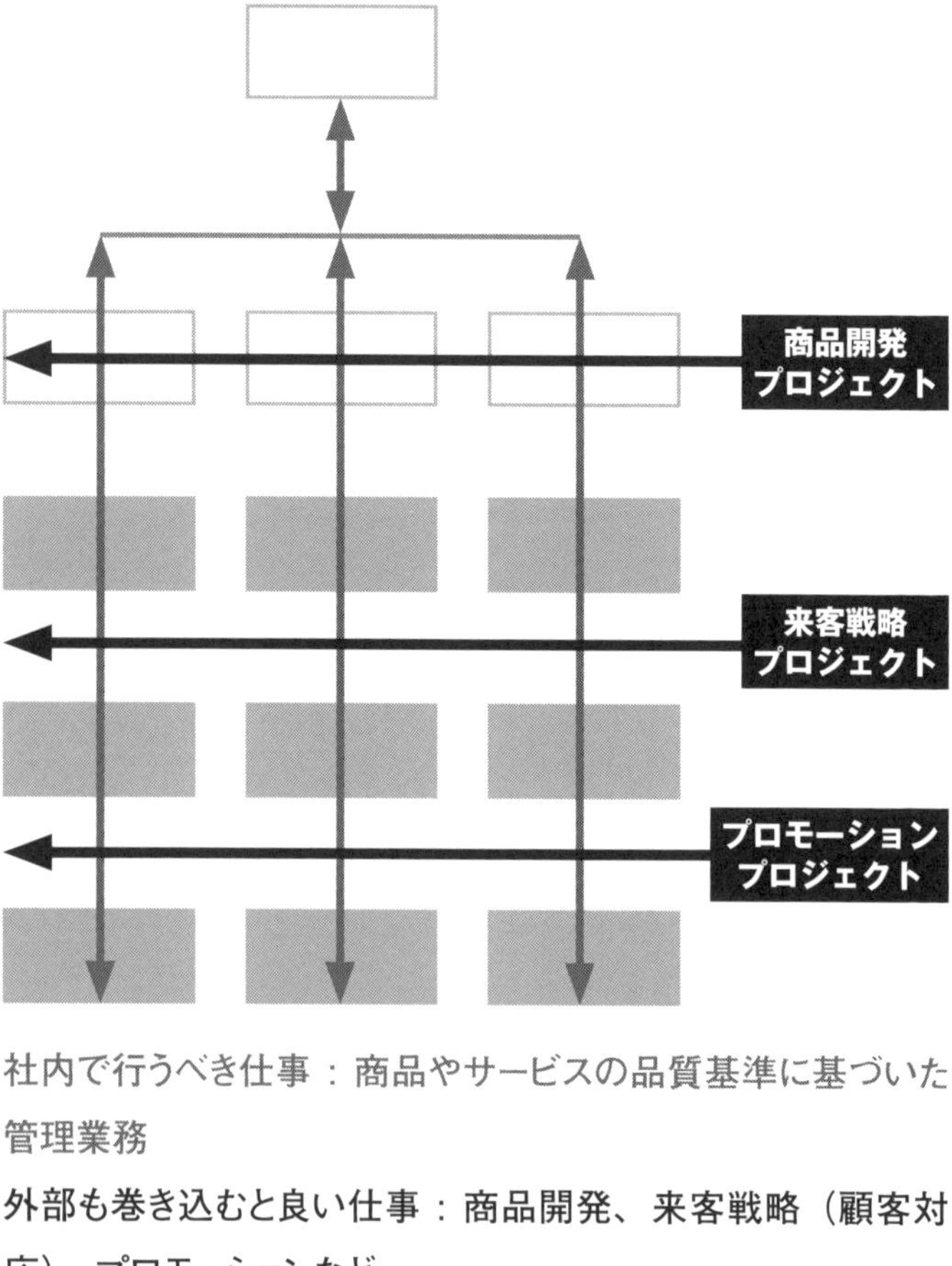

社内で行うべき仕事：商品やサービスの品質基準に基づいた管理業務

外部も巻き込むと良い仕事：商品開発、来客戦略（顧客対応）、プロモーションなどに対しても、経営者が負う責任は非常に大きいということです。さらに、働き方も副業やリモートワークなど多様化しております。今までの延長線上での組織づくりでは、時代の変化に対応することができなくなるのです。この点に気づかないかぎり、激動の時代に対応する「組織デザイン」は実現できません。

自分たちの目的や目標を明確化し、それに適した先を探すことを、「外部ブレーン化」と呼ぶことができます。ミッションへの共感をベースとして関係を構築することができれば、その後の外部ブレーンとのPDCAも順調に回っていきます。ミッションを定めたあとは、組織にそれをしっかりと浸透させ、外部ブレーンにも共感してもらえるレベルに到達する。裏を返せば、外部ブレーンとの良好な関係を構築するうえで絶対に欠かせない条件こそが、くり返し述べているミッションに他ならないということです。

目的や目標といった「共通言語」があれば、組織の内か外かは大きな問題ではありません。**大切なのは「共通言語」となるべきミッションを定めること以外にはないのです。そして、たしかなミッションには必ず多くの共感者が現れるはずなのです。**

「組織デザイン」にはアウトソーシングが重要

外部ブレーンの起用を、アウトソーシングと呼ぶこともできます。

激動の時代を生き抜く「組織デザイン」を実現するうえで、「何を」「誰に」「どのように」アウトソーシングするかの見極めが、何より重要になってきます。これまでの常識に捉われ決まりきったことだけを「外注」し続けるやり方では時代の波に飲み込まれてしまいます。**これからアウトソーシングすべきこと。すなわち、これから変わっていくべきこと。それを商品やサービスから販売促進の方法に至るまで、聖域を設定せずに考え抜く**ことが、適切な「組織デザイン」の重要なポイントだとご理解ください。

外部環境の変化が激しいことによって、最適な商品、サービス、それらを伝えるツールも日々大きく変化しています。つまり、商品戦略や来客戦略、さらにはプロモーションなどを見直し、その時々の最適を追求しなければならないということです。私はまさにこの点が、外部ブレーンにアウトソーシングすべきところだと考えています。

なぜなら、これらについてしっかりと対応できる人材は社内には決して多くありません。

ただ激しい変化に追いつかないというだけではなく、戦略にはどうしても、やってみないと当たり外れがわからないという「賭け事」の要素が最後までつきまといます。勝つためには、不確定要素をできるだけ減らす必要があり、そのためには、できるだけ多くの情報を集め、詳しく分析する必要があります。情報収集や分析には多くの人手が必要となり、その全部を自社で抱えてしまうと、固定費が経営を大きく圧迫することになります。

さらに、「0から1」を生み出すことと「1を10にする」こととは明らかに別物ですが、それを社員に同時にやらせようとするデメリットも生じることになります。多くの経営者がこのちがいを理解しておらず、社員に過度の負担を強いています。適切なアウトソーシングという視点が欠けていることが、大きな原因といわざるを得ません。

だからこそ、アウトソーシングが重要になってくるのです。**商品戦略、来客戦略、そしてプロモーションについては、特に外部ブレーンとの細やかな連携が必要とされます。多くのアイディアや気づきを得ることができ、しかも経営リスクを軽減することができる。それは経営者にとってもまさに一石二鳥を超えるメリット**だといえます。

商品戦略とはすでに見てきたとおり「商品構成」と「価格設定」の2つの戦略を指します。来客戦略とはペルソナを明確化し、どのようなサービスを提供していくのか、自社の強みをしっかりと定めることを意味しています。お客様対応の手順を標準化し浸透させることも、重要な来客戦略のひとつです。そしてプロモーションとは、広告宣伝やイベント、さらにはキャンペーンの実施などの販売促進活動のことです。これらすべてがミッション＝戦略としっかり紐づいていることが重要な点は、改めてくり返すまでもないでしょう。

とはいえ、社内でやるのが好ましいことも当然にあります。

顧客満足のため再現性を守っていくこと、利益を生み出すための管理、これらは基本的に社内でしかできないことだと私は考えています。このあと詳しくお伝えしていきますが、小規模事業者の組織とは基本的に「管理」を行うためのものであり、組織の内部においては管理型の組織をしっかりと構築していくことが何よりも重要になってきます。

管理には売上や予算の管理、商品やサービスの品質管理などあらゆる管理が含まれます。高い顧客満足の実現と安定的な利益の確保は、すべて管理の仕方で決まります。**だからこそ組織を適切にデザインし、管理以外の要素はできるだけ外部ブレーンに任せ、その代わりに内部の管理をしっかりと行っていく。その仕組みを構築していく**のです。

「組織デザイン」が適切なものであれば、最小規模の人数でも組織は運営できます。

ミッション型事業計画

アウトソーシングでは商品戦略、来客戦略が重要になる

すでに人材投資の重要性についてはお伝えしましたが、そこまでを見越した場合、本当に信頼できる人材を採用できるのであればよいのですが、だとしても人件費がトータルでは非常に高くつくおそれがあります。それもアウトソーシングを推奨する理由です。

なお、経営者の判断＝ミッションの策定から仕組みづくりにも外部ブレーンが必要です。最適なブレーンと出会うには、自分自身のことをしっかりと理解している必要があります。自分が管理に適した人材であるならば、戦略に向いたブレーンを探すべきなのです。つまり、経営者自身のアウトソーシングにもたしかな見極めが必要であるということです。

03

「3つの階層」で社員をストレスから解放する

組織にはマネジメントの「3つの階層」がある

ミッションにもとづき適切にデザインされた組織は「3つの階層」から成っています。

その3つとは、❶**トップマネジメント**、❷**ミドルマネジメント**、❸**ロアマネジメント**であり、まずはそれぞれが何を意味しているのかについて見ていくことにしましょう。

思いつきで勝負する経営者は不用意に部署やプロジェクトチームを増やすなどして、組織をどんどん複雑化させる傾向が強いといえます。しかし、生産性を上げ、安定成長を実現するためには、これら「3つの階層」があれば十分なのです。そのために、まずは内容を理解していただくところからはじめたいと思います。

❶トップマネジメント（戦略的マネジメント）

トップマネジメントとは、まさに経営者が行うべきマネジメントであり、これまでの文脈をふまえるならば、戦略的マネジメントと呼ぶことができます。経営者の仕事はミッションを明確に定め、基準をつくり、それを仕組みに落とし込んでいくことだと理解してきました。**すべての仕事の起点となるミッション、それにしっかり紐づいた戦略を策定。それは経営者にしかできない仕事**なのです。それを部下に任せるから、組織は誤った方向へ進んでしまうのです。それとは逆に、経営者が現場の細かな点に首を突っ込みすぎるのも混乱を招く要因となります。適切な役割分担こそが安定した組織運営のカギであることをしっかりと腹落ちさせてください。

❷ミドルマネジメント（管理的マネジメント）

ミドルマネジメントの役割とは組織の管理であり、それはすでにお伝えしたとおり、社内でしかできない非常に重要な仕事です。この役割を担う存在が幹部社員であり、経営者の誤った期待によって混乱を招かないことが重要になってきます。**幹部社員はすべての管理項目を適切にチェックすることを期待されるべきです。そのためにこそ明確な基準が必要**なのであり、トップマネジメントがそれらを明確に定めたうえで、ミドルマネジメントに管理を託す。この流れを作ることを心がけてください。何を、なぜ、どのようにチェックするのか。それこそが管理の基準に他なりません。そこをミドルマネジメントに委ねてしまうと、組織は大きく混乱することになります。

❸ロアマネジメント（自己マネジメント）

ロアマネジメントとは、現場が行う日々の顧客満足の実践を意味しています。それがマネジメントと呼ばれるのにはもちろん理由があります。常に実践の結果を振り返り、業務の改善を心がけ、ムリ・ムラ・ムダの解消を目指すことが現場には求められます。**再現性を維持し、さらに質を向上させる。そのために自己研磨を重ねる。だからこそ自己管理という意味でのマネジメントという意識が必要**になってくるのです。これはミッションにもとづく明確な基準があるからこそできることです。また、幹部社員のチェックがあるからこそ、より効率的・効果的に改善を図ることができます。

それぞれの説明のなかでも触れたとおり、これら「3つの階層」の役割が崩れてしまうと、組織は大きく混乱します。**特に現場で働く社員の受けるストレスの問題が深刻です。それは社員のモチベーションにマイナスの影響を与え、再現性の質を低下させます。それが続**

マネジメントの3つの階層

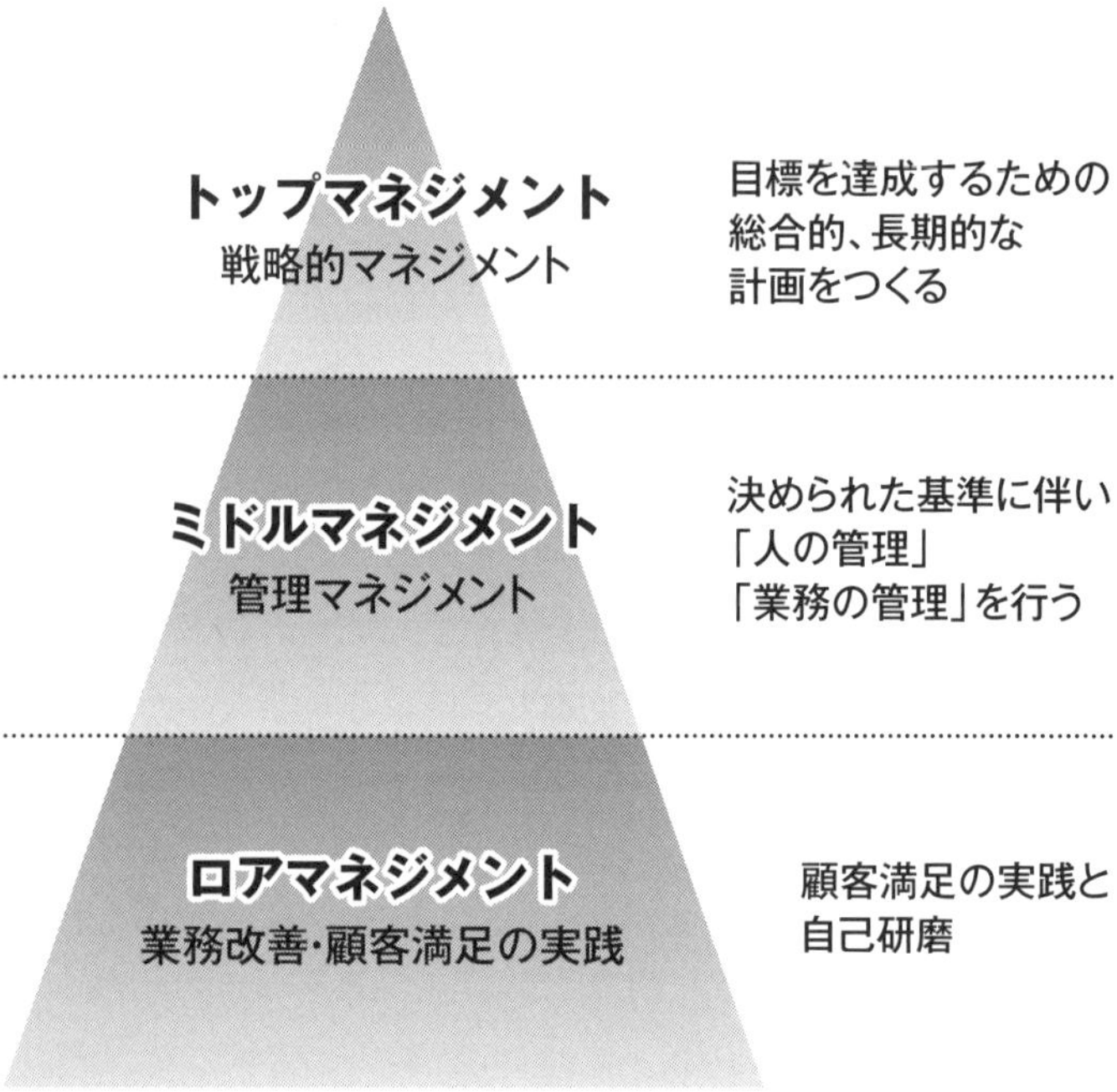

3つの階層のマネジメントが役割を遂行することにより、組織の混乱はなくなる

くと顧客満足度が下がり、安定的な成長を阻害する結果につながるのです。社員をストレスから解放するためには、「3つの階層」をしっかりと維持すること。それが何よりも大切です。個々の役割分担を徹底し、役割の維持を心がけましょう。

特に大切なのはミドルマネジメント

再現性＝サービスの質を維持・向上させ安定経営を実現するためには、「3つの階層」をしっかりと保ち、現場で働く社員をストレスから解放する必要があることを見てきました。そのとき、特に大切になってくるのがミドルマネジメントのあり方です。幹部社員が誤った経営者の期待により混乱することで、組織には大きなマイナスが生じます。**内部管理という重要な役割を担うべきミドルマネジメントが十分に機能しなければ、現場の社員に大きな負荷がかかり、悪循環に陥る**ことはすでにみなさんも理解してきたとおりです。

そのような事態を解消するために、経営者は何をなすべきなのか。それを正しく知ることが、ここでの大きな目的となります。

その第一歩といえるのが、「3つの階層」の図式化です。

小規模事業者とはいえ、組織を視覚的に捉えることは重要です。にもかかわらず、社内の組織図が存在しない会社さえあるのが実情です。そのような状況では、たとえ部門や部署が分かれていたとしても、それぞれの役割が何であるのかを全員がしっかりと共有するのは非常に難しいといわざるを得ません。

つまり、図式化の一番の意味とは、それぞれの階層・部門・部署の役割を明確化するという点にあります。逆説的な表現にはなってしまいますが、**図式化をきちんとしようと思えば、それぞれの組織の役割や目的、期待される仕事について深く考える必要がある**ということです。私はテンプレートの活用を勧めていますが、基本の形に思考を落とし込んでいくことで、それぞれの役割が明確になるのです。

次に大切なのが、組織を「縦と横」の組み合わせで考えるという点です。

「縦」とは管理業務のラインを意味しており、「横」は戦略づくりと深く結びついています。よって戦略ラインと呼ぶ場合もあります。こうした「縦と横」のちがいを理解し、**「縦」は社内の機能として、そして「横」には外部ブレーンを交えて、組織図を「縦と横」の双方に展開していく**ことが重要です。

私が活用するテンプレートには、当然のことながら、外部のブレーンとの関係も落とし込んでいくことになります。2つのラインの意味をしっかりと理解することで、「誰がどこで何をやるべきか」がさらにいっそう明確なものとなります。それが徹底されると、商品の種類や販売方法、サービス提供やプロモーションの仕方などが大きく変わっていくことになります。それに合わせて管理の項目や手法、タイミングなども自然に定まります。つまり、ミドルマネジメントの存在意義が明確になるということです。経営者が生み出すべきなのはまさにこの状態であり、そのために2つのポイントを確実に実践していく必要があるのです。

なお、「縦と横」の活用については、次項でさらに詳しくお伝えします。

整理していうならば、経営者に求められているのは管理的マネジメントとしてのミドルマネジメントの仕組みづくりに他なりません。

社内のあらゆる活動において、全員が同じ基準にもとづき、再現性の高い仕事を実践する。それらを日々適切にチェックし、常に改善を心がける。**そのためにすべての面で業務品質を管理することこそが管理的マネジメントの役割であり、それが十分に機能するかど**

ミドルマネジメント層の仕事の3要素

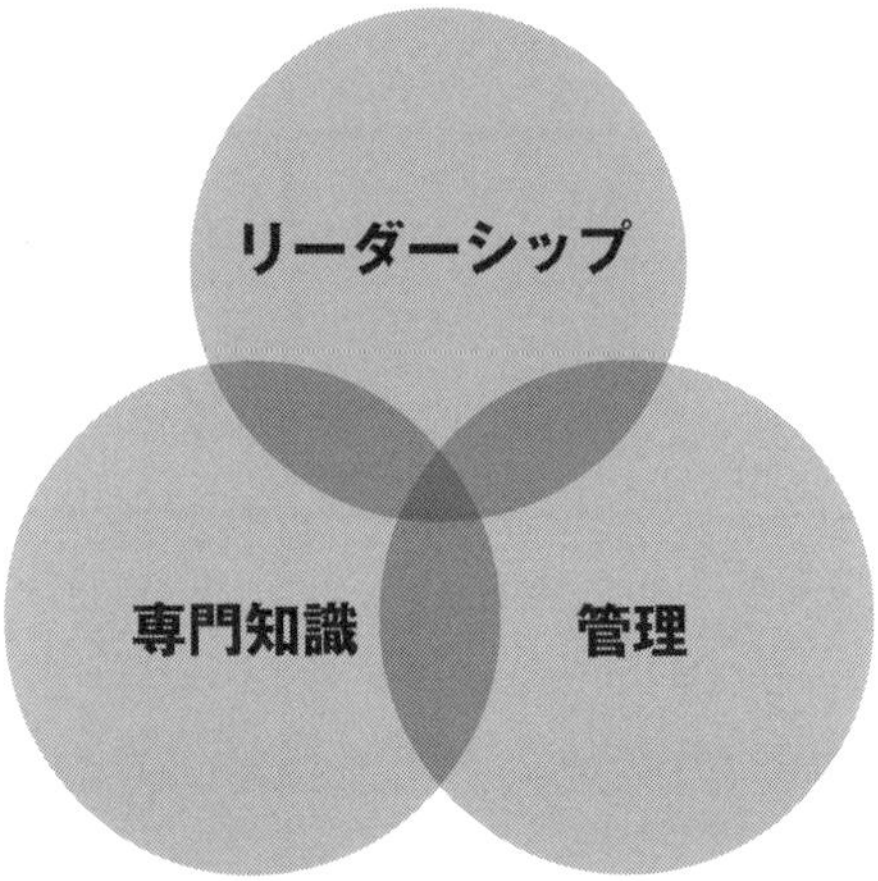

リーダーシップ

・規律を守り部下の模範的な行動ができる
・チーム全員の体調や問題を把握して改善する

専門知識

・業務に必要な専門知識を学んでいる

管理

・チームの「目的」「目標」「進捗状況」を見える化し進捗管理を行う
・会社の基準に伴い業務をチェックする
・部下が働きやすくなる仕組みづくり

ミドルマネジメントの仕事はリーダーシップ、専門知識、管理の3要素から構成される

うかは経営者がつくる仕組みにかかっているといってまちがいありません。つまり、気合や根性、あるいは経験や勘で人を動かすのではなく、「仕組みで人を動かす」ことが重要なのです。

多くの経営者はこの点に気づくことができず、今も「複雑経営」の罠のなかで、あてもなく必死にもがいています。そのような苦しみからは一刻も早く自由になりましょう。そして、次項でお伝えするような、「仕組みで人を動かす」経営を実現していきましょう。

04

「仕組みで人を動かす」全員参加型経営に転換する

経営者が考えるべきは「仕組みで人を動かす」こと

さて、社員を頑張らせない経営の3つのポイントも、いよいよラストに差し掛かりました。経営者が最終的に実現すべきは「仕組みで人を動かす」状況に他なりません。そのために、ミッションを明確にし、戦略を立て、さまざまな投資を効果的に実施する必要があるのです。この点に気がつかない経営者は、自分の経験や勘、あるいは社員の経験やスキルに依存した経営を行います。それは売上優先主義にもとづく「複雑経営」そのものであり、企業としての生産性を大きく低下させることは、みなさんにくり返しお伝えしてきたとおりです。

経営者が「仕組みづくり」を実現できない大きな理由のひとつに、そもそも「仕組み」が何を意味するのかを理解できていないという点があげられます。私が考える**「仕組み」とは社内のルール、部門や部署、役職に付与される役割・責任・権限のことを意味しています。これらを明確に定め、社員全員が共有し、それらにもとづく行動ができるようにすること。**それこそが「仕組みづくり」に他ならないのです。

これらの「仕組み」ができていない状態では、特にミドルマネジメントを担う幹部社員が、経営者からの要望と現場からの要望、さらにはお客様の要望との間に挟まれて、それぞれにどのように応えてよいかがわからなくなります。その結果、組織に大きな混乱が生じます。ミドルマネジメントが経営者の方を向けば、社員に大きなストレスがかかります。反対に、社員の要望に耳を傾けすぎた場合には、組織から秩序や一貫性が失われるおそれが非常に高くなるといえます。お客様を重視しすぎた場合には、安売りや過剰サービスなど、組織の生産性を低下させるリスクが高まることになります。

これらはすべて、「仕組み」ができていないことによって生じる弊害なのです。

たとえば、「仕組み」には品質基準とそのチェックの手法も含まれていますが、それらが誰の目にも明らかなレベルで定められていれば、ミドルマネジメントはそれにしたがって対処すればよく、現場の社員も含めて大きな混乱が起こることはありません。

一方、**そのような状態が実現できていないとすれば、社員の教育を強化するのか、現在の基準を改善すべきなのか、問題の根を特定し、全社的に考える**ことが必要となってきます。その目的は役割やルールといった「仕組み」の明確化であり、**それらが明確になることで、何をすればよいかも明らかになることから、混乱は解消し、組織に全体最適が生まれます。**だからこそ、「仕組み」によって管理的マネジメントを充実させることが大切なわけです。

にもかかわらず、多くの会社では依然として、管理的マネジメントの役割や権限といった「仕組み」があいまいなまま、トップが自分の権限で組織を動かそうとしています。だから組織の混乱は解消せず、幹部社員が方向性を見失い、現場には大きなストレスがかかり続け、組織はどんどん疲弊し、顧客満足さらには生産性を大きく損なうことになっているのです。

それを解消するには、くり返しお伝えしているようにミッションから考えること。いつでも「シンプル経営」を心がけること以外にはありません。業務範囲を細分化し、標準化

全体最適を実現する

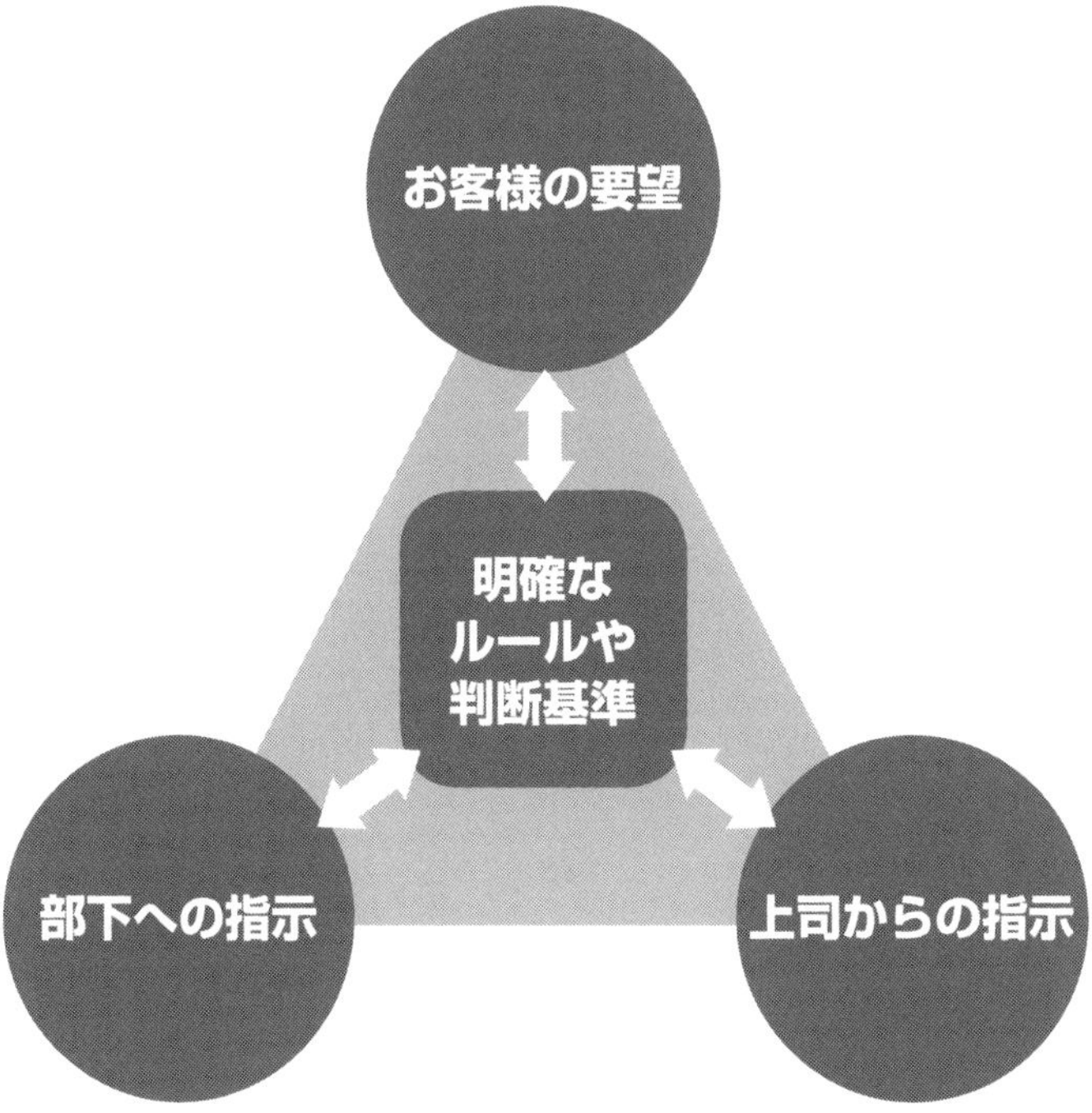

仕組みの明確化によって、組織に全体最適が生まれ、「シンプル経営」に移行できる

して、誰でも再現できる状態にまで落とし込んでいくこと。知識や経験とマネジメントスキルは、まったく性質の異なるものです。それに気づくことなく**知識や経験に偏ることで、トップは満足しロアが疲弊する、あるいはその逆といった状況が生まれてしまうのです。あるいは、「仕組み」を構築する前に人材に投資するなどの非効率が生じてしまうのです。**

こうした失敗をくり返さないためには「仕組みづくり」に意識を集中し、「仕組みが人を動かす」状況をしっかりと生み出すこと。それ以外にはないのです。

「縦と横」を駆使して全員参加型経営を目指す

「仕組み」をしっかりと構築することによって、トップからロアに至る「3つの階層」が、共通のミッション＝戦略、同じ「仕組み」にもとづき行動することができます。その結果、組織のあらゆる場面に一貫性が生まれ、高い再現性と顧客満足をさらに高めようとする、真に良好なスパイラルを形成することができるのです。

経営者は、このスパイラルをさらにブラッシュアップすることを考えます。

そのためには、先ほどもお伝えしたように外部ブレーンを活用して「横」の戦略ラインの幅を広げ、その分だけ社内の資源を「縦」の管理ラインに注ぎ込みます。**外注化と内製化のバランスを適切に取ることによって、「横」を外注化し、社内を「縦」に特化することで、組織は筋肉質なものとなり、「ムリ」「ムラ」「ムダ」もなくなります。**

ある会社では、社員の定着率が悪いという課題を抱えていました。それに対して経営者は、労働時間を削減したり、待遇を改善したり、といった対策を取りました。その結果、多くの社員の意識が待遇面に向き、欲求をマイナス方向にかき立て、組織の混乱はかえって大きく広がってしまいました。もちろん、定着率も改善することはありませんでした。

そこでやっと、私がコンサルタントとして課題解決に臨むことになりました。

多くの社員にインタビューを重ねるなどしてわかったことは、社内の人間関係や、現場でのお客様との関係に悩んでいる人が多かったこと、そのために、懸命に働いていても自分の成長をまったく実感できないこと。それが定着率の低い一番の原因でした。

根本的な課題を見えたところで、私は経営者とともにミッションづくりに着手しました。どのような顧客が増えてほしいのか、何が自分たちの強みなのか、どのような方法で顧客の問題を解決したいのか。ミッションを明確に定め、そのうえで業務内容を標準化し、組織のルールや役割などの形に落とし込む＝「仕組み」をつくることで、社内ならびにお客様との関係も改善し、成長を実感する社員が増え、組織の混乱は解消し、生産性の向上を実現する基盤が確立できました。

大切なのは、「縦と横」のラインを駆使して全員参加型の経営を実現すること。いうまでもなく、ここでいう「全員」には社員だけではなく外部ブレーンも含まれます。**ひとつのミッションのもとに集まる人はみな、ひとつの目的に向かって歩んでいく大切な仲間です。そんな仲間が全員で力を合わせて、安定成長を目指していく**のです。

このとき、特に社内の「縦」のラインにとって非常に重要な点があります。それは、社員の「タイプ」と「役割」に意識を向けるということです。タイプとは個人の持つ性格であり、自ら率先して新しいアイディアを出すのか、それとも、指示された仕事を着実にこなすのが得意なのかといった特性を意味しています。タイプは人によって異なり、そのちがいをしっかりと理解したうえで、それにマッチした役割を付与することが非常に重要なのです。

経験が長いといった単純な理由で、指示にしたがう働き方に向いている人をプロジェクトリーダーなどに据えてしまうと、そのプロジェクトは十分なアウトプットを発揮するこ

人材志向と仕組み志向の会社の違い

	人材志向の会社	仕組み志向の会社
成果を出すために？	優れた人材に依存する	優れた仕組みに依存する
結果が出なかったときは？	その仕事を誰がしたか	仕事を正しく行ったか
生産性をあげるには？	よい人材を探している	よい方法を探している
何に投資するか？	人材	仕組みづくり
将来のリスクは？	優れた人材はいつか失う	優れた仕組みは永遠に残る

人材より仕組みに通しすることで、会社の将来も明るいものになる　資料：「他店舗化.com」より

とができません。タイプのちがいに応じて役割にもちがいを設ける。このような工夫を加えることで、さらに「縦と横」のラインが活性化し、全員参加型経営は、その力を最大限に発揮することができるのです。

「金太郎飴」を作ることに慣れた経営者は、このようなちがいを設けることに躊躇します。ですが、全員横並びの経営は全員参加型経営などではありません。社内の価値観も明らかに多様化しています。その流れに対応することは、これからの時代を生き抜く経営者にとって、もはや責務であるといってまちがいありません。

全員参加型経営を実践できている組織は、「仕組みに依存する組織」であるといえます。一方、それができていない組織は「人に依存する組織」といわざるを得ません。このような「人が人を動かす」組織では、行動の理由が動かされる側には理解できないというケースも非常に多く、また経営者など動かす側の気分や、そのときどきの状況によって必要な行動が変化するリスクが高いといえます。しかし、**「仕組みが人を動かす」組織では、ルール等の「仕組み」は変化することがなく、また、仮に今のルールに問題があるのであれば、それを変えるだけで問題は解決します。実にシンプルで、社員が混乱することもありませ**

ん。

どんな会社にも、経営を続けていくうえでの課題が常に存在します。ひとつを解決すればまた新たな課題が生じてくる。そういっても過言ではありません。それらの問題を表面的に解決するだけでは、いつまでも「モグラたたき」の状態が続くことになり、成長発展というフェーズに移行することはできません。

成長の実現には「仕組み」に依存した全員参加型の経営を目指していく以外にはありません。外部ブレーンとの関係をしっかりと築き上げ、「縦と横」のラインをフル活用してください。外部ブレーンはコンサルタントだけでなく、尊敬する他の経営者でもけっこうです。**外部の視点を入れて戦略を構築し、みなさん自身、さらには社員とその家族の幸せを実現してください。**

第４章のまとめ

☑「幹部の混乱」が社員の負担を増やす

経営者が幹部社員を混乱させると、その影響は社員にまで及び、組織が大きく混乱することになる

☑「組織デザイン」で激動の時代に対応する

外部ブレーンへのアウトソーシングを効果的に実践し、社内は管理を行う組織づくりを目指していく

☑「３つの階層」で社員をストレスから解放する

トップ・ミドル・ロアの役割分担をしっかりと維持する。特にミドルを重視し、社員をストレスから守る

☑「仕組みで人を動かす」全員参加型経営に転換する

人ではなく「仕組み」に依存した組織を構築する。社内外全員参加型経営を実践し、会社の成長を実現する

第5章

社員を頑張らせずに成功した企業の事例

01

社員を頑張らせない社長の3つの仕事

本章では、社員を頑張らせない経営で成功した企業の実例を紹介していきます。紹介する3社はどれも、私がコンサルタントとして関わったお客様です。彼らも当初は「複雑経営」に陥り、さまざまな学びを重ねながら改善策を模索していましたが、糸口がつかめず行き詰まりを感じていました。経営者は三人とも、生産性の上がらない現状を何とかしたいと考えながら、毎日をもがき苦しんでいました。

しかし、相談に乗りながら大切にしている価値観をヒアリングし、それをミッションへと落とし込み、そのミッションに共感することができたからこそ、私は外部ブレーンとして彼らと協働し、ミッションを起点とした経営改革に着手することにしました。

まずは経営者自らが考え方を改め、幹部社員がそれに続き、社員もしっかりと自分たちのあり方を見直しました。そして、大切にしたいお客様、提供したいサービス、お客様の

経営者の3つの仕事

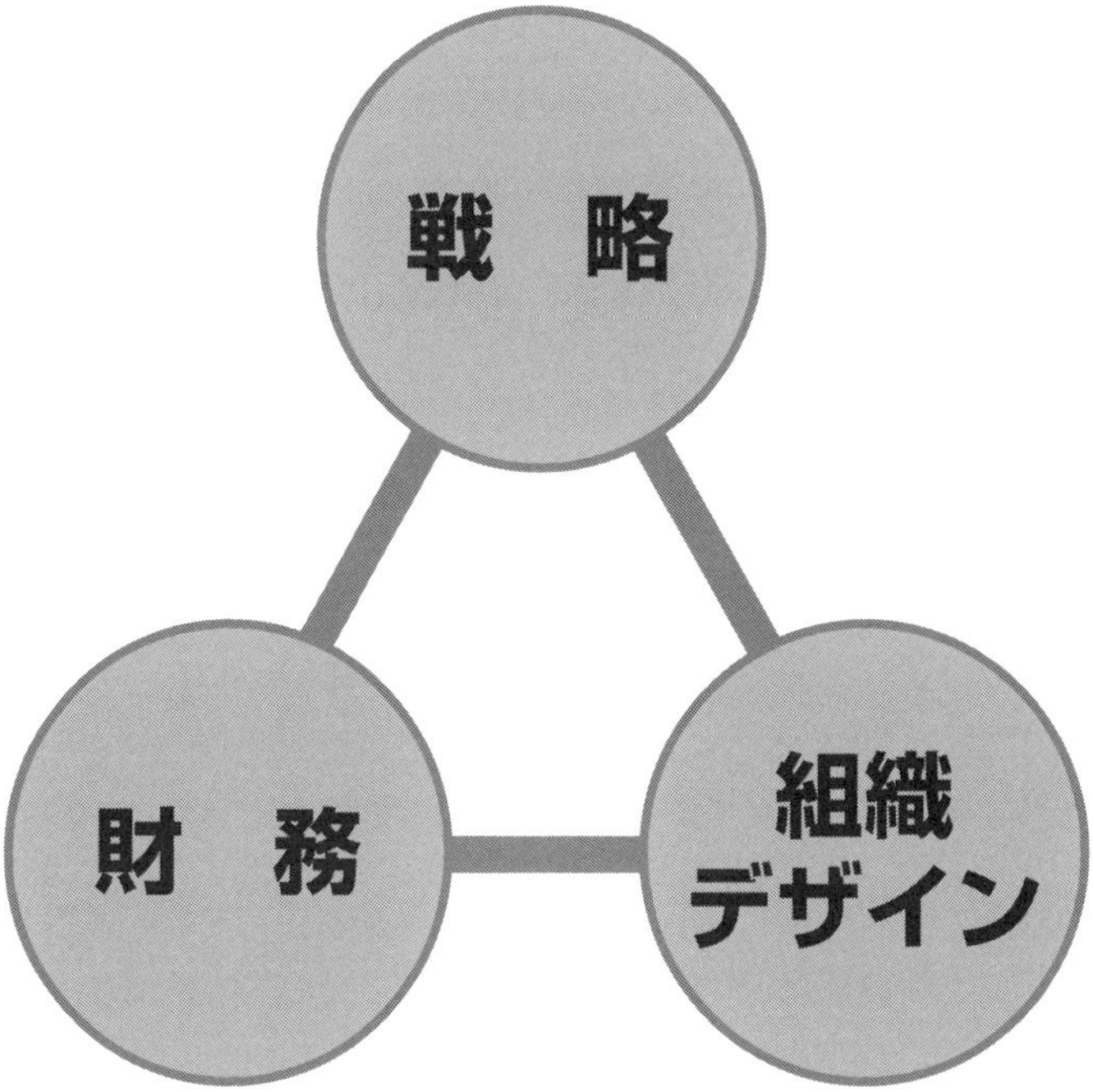

経営者の3つの仕事がつながることで、時代の変化に柔軟に対応する経営が実現する

問題解決を通じて実現したい未来について、全員でビジョンを共有しました。その結果、顧客単価と満足度を向上させ、利益を増大させることができました。そのリアルなプロセスを、これからみなさんと一緒に共有していきたいと思います。

仕事❶ 強みを発揮できるマーケットの選択＝戦略づくり

実際に取り組んでもらう最初のステップは戦略づくりです。

企業として強みを発揮できるマーケットがどこにあるのかをしっかりと選択することで、社員のモチベーションも高まり、生産性の向上が期待できます。

そのためには、自分たちのことを深く掘り下げ、これまで意識していなかったところまで認識の幅を広げていきます。安易に価格を下げたり、過剰なサービスを提供したり、そんな対応をくり返していては生産性を上げることなど困難です。売上優先主義の罠から逃れて、付加価値の高い商品やサービスで勝負する道を選ぶのです。

すでにお伝えしてきたように、私はマーケットの選択に成功すれば勝負は8割がた決まると考えています。マーケットの選択はそれだけ重要だということです。

そのような選択＝戦略づくりのためには、冒頭のほうで見てきた「戦略的問い」を徹底的に活用し倒すことが重要です。**誰のために仕事をするのか。誰のためなら人生を捧げることができるのか。このような大きな問いに答えていくには、自分が本当にやりたいこと、自分が本当に力を発揮できること。それを基軸に考えていく以外、方法はありません。**

戦略などと口にすると何だか複雑で面倒なことのように感じる経営者も少なくありませんが、実際は非常にシンプルな問題で、「戦略的問い」に答える。しかし、できるだけ自分を掘り下げ、ギリギリのところまで考え抜く。「狭く、深く」の姿勢が重要なのです。

選択されるマーケットの答えは、次のステップにも登場する優良顧客＝ペルソナと深く結びついています。自分たちはどのようなお客様の課題を解決したいのか。表現をかえれば、どのようなお客様と一緒に仕事がしたいのか。大切にできる相手だからこそ、ムリせずとも質の高いサービスを提供できるようになるのです。

「戦略的問い」の答えはミッションそのものです。ミッションにもとづき考え抜くことで、戦略づくりの具体的な取り組みとしての、マーケットの選択が可能になるのだといえます。くり返し強調してきたとおり、すべての起点となるのはミッションです。明確な**ミッションとしての戦略だけが、社員のモチベーションをアップさせ、サービスの質を高め、さら**

には顧客満足度を高めていくことができるのです。

戦略づくりによってしっかりと基盤を固め、さらに2つの仕事を積み重ねていきます。実現したい未来にこそ、強みは存在します。それをいかに見つけるのか。すべては自分への問いかけの深さにかかっています。

仕事❷ 理想の顧客のための「商品・サービス」＝勝ちパターン構築への投資

商品の価格設定とラインナップの改善は、生産性を上げるうえでもっとも重要な仕事になります。大手企業は新商品開発に多額の研究開発費を投入していますが、小規模事業者はそこに対してまったくといってよいほど投資を行っていません。

ペルソナの問題を解決するために、常に商品・サービスの品質を向上させ続けなければ、優良顧客は離れていってしまいます。大手のコンビニエンスストアチェーンやユニクロが常に品質向上に取り組んでいるのはそのもっともよい例だといえます。このような大手の取り組みによって、消費者の価値観は大きく変化しました。こうした変化に対応するには、小規模事業者にとっても商品・サービスの改善のための「戦略投資」が重要なのです。

小規模事業者の戦略投資においては、現場で実際に商品を開発するというよりも、商品の付加価値を向上させるために、ラインナップや商品購入のプロセスを改善していくことが大切になってきます。商品の魅力の「伝え方」や「ビフォアサービス」「アフターサービス」などを改善するのです。その改善のために戦略投資が必要なのです。

戦略投資を効果的なものとするひとつの方法として、専門家に依頼するといった方法をあげることができます。あるいは、通信販売の会社であれば、よく売れている会社の商品を実際に買ってみるという方法もあります。ネットで情報収集するだけでは、その商品価値がどのようにお客様に実感されているのかを理解することができません。

実際に購入してみて、商品価値を伝える「ネーミング」や「パッケージ」、または商品の背景にある「ストーリー」や「サービス」などを、自らが購入者の立場になって、リアルに価値を体感することが重要なのです。実体験こそが顧客の心をつかむポイントを理解する、もっともよい機会となるのです。

このことが「価値志向」での価格設定にもつながります。自分で価値を実感していることが、自信を持って値付けをする根拠となるのです。

戦略投資の次に重要なのが、社員に負担をかけずに再現性の高いサービスをするための「システム投資」です。自社の優秀なスタッフが実践しているお客様対応をトレースして、誰でもいつでも再現できる仕組みに転換していくことが重要です。

具体的には、商品やサービスを案内するツール等がシステム投資の主な対象となります。パンフレットやヒアリングシートといった顧客対応ツールを強化することで社員の負担を減らしながら、それでいて質の高いお客様対応を実現させるのです。

特にこれからは、5Gの本格化によって、消費者は動画で情報を収集したり、学習したりするようになっていきます。さらに、テレビが衰退して、YouTubeなどの動画媒体への関心が高まっています。それはテレビからユーチューバーに転身するタレントが日々増えていることからもわかります。

だからこそ、**企業も自社のYouTubeサイトを用意しておくことが重要であり、商品へのこだわりや「購入方法」、「使用方法」などが簡単に確認できる動画を作成しておくことで、商品の購入を迷っている人をしっかりとグリップすることができる**のです。

このように、「人材投資」へ移行する前に「システム投資」を行い、質の高い顧客対応を実現しつつも、社員の負担を最低限のレベルに減らしたままそれを維持することによって、人材の即戦力化が進み、生産性がさらに上がっていくことになります。

仕事❸　激動の時代を乗り切る組織デザイン

「5G」「AI」「IoT」の発展により、人々の生活スタイルは大きく変化していきます。また、コロナウイルスの出現はその変化のスピードをさらに加速させています。

その結果、企業のお客様対応やプロモーションを大きく改善させる必要が生まれました。こうした2つの接点が、消費者のライフスタイルの変化やITの目覚ましい進化によって、大きく変わっていくことになるのです。

にもかかわらず、多くの小規模事業者はITに関する知識が圧倒的に不足していて、正直、出遅れているというのが現状です。若手社員の教育によってIT化に対応しようと懸命に頑張る会社もありますが、それでは進化のスピードについていけず、仕事ばかりが増えて、成果にはつながらないといわざるを得ません。

そこで社長がするべき仕事の3つ目として、人材教育を行う前に、**自社にとっての最適な外部ブレーンを見つける、という点をあげたいと思います。社内でなければできない仕**

事と外部に依頼したほうがよい仕事を見極める判断力が必要になるということです。

多くの会社で「外部ブレーン」ではなくただの「外注」として考えることしかできずに、コストばかりがかさみ失敗を重ねているのが実情です。特にこの点は多くの社長にとって大きな悩みの種となっています。第4章でもお伝えしましたが、単なる「外注」ではなく、真のパートナーとなり得る「外部ブレーン」を作ることが重要なのです。

外部の専門家をブレーンとすることができない原因は、「コスト優先」の意識であったり、あるいは、「スキルへの依存」であったりします。いずれの場合も自社の戦略と紐づかない他社の成功モデルを当てはめようとする点に問題があります。

野球に例えるならば、ポジションは9つあります。

それら9つのポジションに最適な選手を配置することができれば、そのチームは勝利に大きく近づくことになります。プロ野球の場合に、自チームで育成した選手だけではなく、外国人選手を獲得することで、チームの弱点を補強することが当たり前です。個人としてのスペックがどれだけ高くても、チームの弱点を補うものでなければ、強化にはなりません。また、年俸が安くてどこでも守れる選手ばかり集めても、真の補強にはなりません。

外国人選手を含め、どんな選手をどのポジションにつかせるのか。弱点を解消するためにどのような補強を行っていくのか。まさにこのような点をしっかりと考え抜くことこそが、私が考える「組織デザイン」に他なりません。

むやみやたらと社員のスキルアップを図る前に、まずは社員の力を最大限に発揮できるポジションにつかせ、弱点は「外部ブレーン」で強化することによって、最速で激動時代を乗り切る組織をつくることができるのです。

02

事例1 A社のケース（カーライフトータルサポート業）

ここからは、冒頭でお伝えした三大潮流をふまえたうえで、ミッションにもとづく適切な対応を積み重ねた結果、短期間で大幅な成長を実現した企業の実例を見ていきます。

ミッション＝戦略をしっかりと立てる（または、さらに深める）。生産性を上げ再現性を高めるための人に依存しない仕組み＝勝ちパターン構築へ投資する。そして、激動の時代を乗り切る組織デザインを考える。ここで見ていく3つの会社は、業界こそちがっていますが、これらのステップをしっかりと踏んだ点で見事に共通しています。

業種・業態こそちがっていたとしても、「複雑経営」の悪循環に苦しみ、しかしそこから何とか抜け出したいと考えている経営者の方々には、非常に参考になる点が多いといえます。私は3つの会社の改善を継続的に見守ってきましたが、激しい外部環境の変化にも影響を受けることなく、しっかりと成長を実現してきました。だからこそ、みなさんにも、これら3つの事例をお届けしたいと思ったのです。ぜひとも、余すところなく、できるだけ多くを吸収してください。

仕事❶ 強みを発揮するマーケットの選択＝戦略づくり

最初にお伝えするのは、関東でカーライフトータルサポート業を営むA社です。

ビジネスの中心はカーコーティング、窓ガラスやボディへのフィルムなどで、業績も右肩上がりが続いていたのですが、売上に比例して社員の忙しさが増し、また社内の雰囲気や人間関係も悪化してきたので、このままではいけないと危機感を抱いた経営者が私のところへ相談に来たというわけです。

はじめに着手したのはミッションにもとづく戦略づくりです。

どんな顧客に来てほしいのか、どんな顧客を大切にしたいのか。そして、自分たちの持つ強みとは何か。それらを社員一丸となって考え抜いた結果、自社の大切なミッションとして「人生と愛車を輝かせるトータルカービューティ」というものを掲げました。

背景として設定したペルソナは40代の会社経営者で、「快適なカーライフを追求したい」

「車をいつもきれいに保ちたい」「自分だけの車に仕上げたい」、そんな思いを持った顧客にターゲットを定めたわけです。

A社の最大の強みはヒアリング型の提案で、運転する頻度や車庫の状況などオーナーのカーライフをすべて把握したうえで最適な方法を提案する、という自社の強みをもっとも発揮できる顧客が先のようなペルソナであると判断したわけです。

このように**ミッション＝戦略が明確になったことで、「やること」と「やらないこと」が明確になり、「ムリ」「ムラ」「ムダ」がなくなりました。**以前は新商品を積極的に導入したことがマイナスに働き、業務効率が低下して、社員のサービスの質にもムラが出ていたのですが、すっかり解消しました。また、望ましくない顧客への販売を断るようになったことで、商品のラインナップも大幅に削減することができました。その結果、社員の提案意欲が向上し、会社の空気や人間関係も大きく改善することができました。

それまではペルソナ設定があいまいだったため、複数の凝集や多くの商品を抱えており、何をやっている会社なのかがよくわからないという弊害もありました。**このような問題が解決したことで、社員のモチベーションが大きく向上したことは明らかです。ミッションの明確化によって、社員が頑張らなくても済む状況が生まれた**わけです。

このような変化を生み出すことに成功した会社は、「シンプル経営」に向けての好循環を実現するためのスタート地点に立てたのだといえます。

仕事❷　理想の顧客のための「商品・サービス」＝勝ちパターン構築への投資

A社の商品単価は、同業他社と比べても明らかに高いといえます。

それでも13・2％もの営業利益を上げ、コロナの影響などまったくないといえるほどの状況を継続できている背景には、理想の顧客ための「商品・サービス」という勝ちパターンをしっかりと構築できているというたしかな理由があります。

コーティングが定着するまでには最低でも1週間はかかる。それが今までの常識でした。したがって多くのカーコーティング会社は定着前に車を引き渡すことになり、そこに雨が降るなどして定着が阻害される＝顧客の不満が高まるという実態がありました。

しかしA社では、当時、日本で初めてとなる最新の乾燥技術を導入し、わずか30分での定着を実現しました。この投資判断が会社の生産性に大きく貢献しているのです。**さらにその価値を伝えるために工場見学体験ツアーを企画して実際に体験もしてもらいました。**

それがA社の取り入れた工夫です。人は実際に体験したものだからこそ深く記憶に刻む。人はまさに体験を求めている。この体験型ツアーは見事に成功し、ツアー参加者のうち、何と90％を超える人が成約するに至っています。

会社の想いと品質の高さを実感していただく。それらをコンセプトとしたツアーには、A社がペルソナとして設定したような優良顧客がたくさん集まってきています。大切なのはまさに、大切なファンへの想いや提供する価値をいかに伝えるかという問題であり、ツアーはまさにそれを実現するよい機会となりました。

さらにA社では新工場を増設し、お客様が打ち合わせや待機中に快適に過ごせるショールームにも大きく投資をしました。増設したショールームの2階には優良顧客専用の席を設けるなど、大切なお客様に対しての思いや感謝を伝える機会を用意しています。

これらの投資が顧客満足度をさらに高めることとなり、ネットでの口コミ評価も目に見えてよくなってきたのです。社長の投資判断が会社の独自性を際立たせることにつながった、非常にわかりやすい事例であるといえます。

社内に目を向けると、それまでは属人的な営業スキルに依存していたところを、基本的な営業ツール等を整備し、誰が説明しても一定の価値を届けられるような仕組みへの投資も怠りませんでした。サービスの質の高さ、そのための再現性の高さにも意識を向けたことで、組織全体としてのサービスの質が大きく向上しました。

さらにA社では評価制度の見直しにも着手しています。安定成長の実現によって社員が再び忙しくなったため、ミッションにもとづく人材育成プログラムが必要だと判断するに至りました。このように、経営者による適切な未来投資への判断が会社の勝ちパターンをつくり上げてきたのです。勝ちパターンがさらに好循環を重ねている。今のA社はまさにそのような状態にあるといってよいでしょう。

仕事❸ 激動の時代を乗り切る組織デザイン

A社はカーコーディングに関する高い専門技術に加え、ネット集客もとても得意としていました。これら2つの技術を併せ持った組織が、これまでの右肩上がりの売上げアップを実現してきました。

ですが、長所も行き過ぎると短所に転換してしまい、長所の延長線上に起きる問題には自社では気づかなくなってしまいます。具体的にいうと、新規の集客に困ることこそありませんでしたが、自社にとって好ましくないお客様もかなり増えていました。そのようなお客様への対応に手間取るあまり、社員の意識が低下していたり、大切にすべき優良顧客へのサービスがおろそかになったりしていったのです。

この状態のまま規模を拡大すれば、会社の問題は深刻なものになっていきます。

そこで、さまざまな「外部ブレーン」との信頼関係を構築し、外部の専門家の目で課題を捉え改善につなげることで、会社の改善スピードを加速していく必要が出てきます。A社がはじめに行ったのは外部の専門家を招き入れ自社のブランディングに着手することでした。優良顧客であるペルソナが共感してくれるような会社のイメージづくりを外部ブレーンの力を借りて行ったのです。さらに、私たちとともに商品の絞り込みを並行して進めました。あるいは、リピート客を育成するという観点では顧客管理システムの専門会社も招き入れ、**多くの専門家が協働して外部ブレーン集団を構築していきました。**

このような対応によって、未来に向けて自社がつくるべき仕組みが明確になりました。そして、社員は今やるべきことに集中することができ、優良顧客がさらに増加するという好循環を生み出しています。

その結果、改善に向けた取り組みをスタートした2019年5月の時点では、顧客単価が9万5000円にとどまっていたところ、約1年後の2020年4月には14万5000円、今では15万9000円にまでアップしています。もちろん、**コストは以前の水準のままに収まっており、生産性の大幅な向上を実現することができました。**

A社では、「人生と愛車を輝かせるトータルカービューティ」というミッションをさらに徹底し、信頼できる真の人間関係をお客様との間で構築するだけでなく、安心できる場所、地域の生活空間、なじみの店であることを実現し、あるいは大切な書物や音楽、四季の風景、澄んだ空気、大切な思い出、そんな存在になりたいとの思いを大切にしながら、経常利益率40%の実現を目指しています。達成の予感を十分に抱かせる活躍が続いています。

03

事例2 B社のケース（エステサロン経営）

仕事❶ 強みを発揮するマーケットの選択＝戦略づくり

B社は静岡中部から東部にかけて、3店舗のエステサロンを営んでいます。

エステの主流は脱毛やフェイシャルケアにあるのですが、同社ではダイエットに特化し、コロナ禍にもかかわらず大きな成長を実現しています。

この2年の間に3回ミッションの見直しを行っているのですが、戦略づくりの必要性を強く意識したのは、経営者が「あなたは何がやりたいのか？」とある人に尋ねられたことがきっかけでした。そこからミッション探求の旅がはじまりました。それまで経営者の想いが現場に十分には伝わらず、サービスの質にムラが生じ、教育の時間もムダになっているとのジレンマを抱えていたのですが、それを何とか解消したいと考えたわけです。

「何を、どのように提供していくのか」という軸に沿って、社員全員で考えていきました。また、経営者自らが優良顧客に直接インタビューし、率直な意見を求めました。

その結果、「痩せる＝結果を出す」ことが自分たちの強みだと認識し、説明してきたことが、必ずしも適切ではなかったことがわかりました。優良顧客が大切にしていたのは、結果よりもむしろおもてなしの心や笑顔、自分たちのことを理解してくれているという精神面だったのです。

ここからB社は、「心と体の美しさの提供」というミッションを明確化しました。

自分たちの強みは、カウンセリングを中心にお客様の心に寄り添うことであると認識し、他人と比べることなく自分で自分を承認できる、という心の美しさを大切にし、そのうえで、その人のありのままの体の美しさを提供する、そんなエステを目指すことにしたわけです。具体的には、習慣を変えることによって体質を変える。そしてその状態を継続する。必要な知識を付与しリバウンドを防止する。何のために痩せるのか＝目的を共有し、その人だけのダイエット法を提供していくということがB社の戦略となりました。

B社のペルソナは「自分らしく痩せたい」「ダイエットしてもリバウンドするので困る」「自分の体だけでなく心も理解してほしい」、そんな思いを持った普通の女性です。仕事もプライベートも家庭も頑張っている、でもその分だけ自分の可能性を狭めてしまっている。**そんなお客様の問題を解決し幸せを実現することが、戦略の軸として明確になった**のです。

仕事❷ 理想の顧客のための「商品・サービス」＝勝ちパターン構築への投資

B社の勝ちパターンとして特筆すべきなのは、コロナ禍における対応です。**感染予防対策はもちろんのこと、免疫力をアップするための取り組みを積極的に推進し、しかも、それらをテキスト化し、動画で配信するところまでを実現しました。**この背景には、伝えることの大切さは理解していたものの、伝えたつもりが伝わっていないという現実に、経営者が気づくことができたという事実があります。**この気づきがとても重要でした。**

実際に、動画を見て不安を解消できたことが来店の動機になったという声を非常に多くいただいています。このサービスは大きな効果をもたらすことができました。さらに**家から出られない人の不安を解消するため、オンラインでのカウンセリングにも力を入れました。B社の強みを発揮したサービス**です。

次に、サービスの再現性を高めるための工夫についてですが、ここでもデジタルツールが大きな効果を発揮しています。それまでは人に依存した社員教育となっていたため、営業のスキルには大きなムラが出ていました。トップセラーのスキルを身につけさせようとして、うまくいかない状態が続いていました。

そこからの脱却を目指して**動画をフル活用し、またアプローチブックを説明のテキストとして活用することで、誰でも一定レベルのトークができるようになりました。**さらに、エステティシャンがウェアラブルカメラを装着し施術を実況中継するというサービスも導入しています。これもサービスの再現性を高めることに大きく役立っています。最近では社内の情報伝達や教育にも動画を導入し、結果的に社員の成長速度も高まるなど、好循環を形成することができています。**ここでも、情報への意識の高さが大きな結果につながっています。**

以前は売上を上げるためには社員を採用して教育するというパターンでした。そこから抜け出し、サービスの再現性向上と社員の即戦力化のための動画や案内ツールに積極的に投資を行っています。さらには、顧客満足度向上のために、店舗の改装にも積極的な投資を決断しました。同時に、ブランディングにも着手しました。

このような経営者の適切な未来投資への判断によって、**勝ちパターンがさらに強い勝ちパターンを生んでいく。そんな可能性を強く感じさせてくれる取り組みだといえます。**

仕事❸ 激動の時代を乗り切る組織デザイン

B社は動画の活用に積極的であり、ユーチューブを活用した情報発信を実践しています。経営者の言葉をそのまま借りるならば、**「それまでエステが自分の仕事だと思っていたが、伝えることも仕事なのだと認識が変わった。今後を見据えてデジタルスキルの重要性にも気がついた」**結果が、動画の配信なのだといえます。

お客様からの声をもらい続けることは決して簡単ではありません。それには優良顧客を育成し、ファンを増やしていく継続的かつ意識的な取り組みが必要になってきます。普通のお客様が強固なファンへと成長するためには、ミッションへの共感が不可欠です。

そこでB社では、お客様の声とエステ体験の内容を動画で紹介するといった取り組みに着手しました。取り組み内容を毎月チェックすることで、社員のスキルとともに質の向上も実現することができました。

今では、お客様の声を編集した動画、お客様のダイエットに対するお役立ち動画、健康に対する動画など様々な動画を高いクオリティーで制作できるようになりました。

しかし、その背景には専門家によるサポートがあったのです。まずはお手本となる動画を何本か外部の専門家に作成してもらい、その動画をお手本としながら、撮影に要する機材の扱い方や編集に対する注意点などをアドバイスしてもらうところからはじめていきました。

外部の専門家を起用し完成イメージを明確にしてからスタッフが関わったことにより、大きな抵抗もなく組織が変わっていったのです。

このような取り組みを継続しているB社では、1人当たりの利益率を上げるという点を強く意識し、営業利益15・8%を実現し、今後は粗利益率の面では79・4%から83・4%への成長を目指していきたいと考えてきます。数値での管理ができるようになった点は非常に大きく、捨てる商品と残す商品との区別も明確になりました。

これからは、さらに業務内容を見直すなどして、1人あたりの年間粗利益1600万円を実現していきたいとのことです。決して夢物語などではないと感じています。

04

事例3 C社のケース（接骨院経営）

仕事❶ 強みを発揮するマーケットの選択＝戦略づくり

最後に紹介するのはC社で、名古屋で接骨院を2店舗経営しています。

経営者はお祖父さまの代から数えて三代目に当たり、伝統のある接骨院だったのですが、ミッションが明確に定まっていないことの弊害に苦しんでいました。**伝統があるからこそ、これまでと同じやり方を漫然と繰り返してしまう。それが原因で時代の変化に適応できず、成長が阻害される**という悪循環に陥っていたわけです。

経営者は学生時代から柔道に取り組み、自らケガに苦しんだ経験も多く持っていました。また、接骨院で施術に当たる前から学校で指導する経験も重ねていたため、自身のやり方を変えるという一歩をなかなか踏み出すことができずにいたのです。

しかし、改めて自社にとってのミッションは何かと経営者は深く問いかけました。

その結果、経営者自身が長く慢性的な痛みに苦しんできた経験を軸として、ミッションを**「人々の痛みを根本解決し、健康生活へと導く」**と定めました。

対処療法的な施術ではなく、痛みを根本から解決すること。お客様の痛みに対する価値観を変え、生活習慣から見直し、慢性的な痛みから根本的に解放された状態を実現すること。そのような問題解決によって、お客様にとっての真の幸せを実現すること。それがC社の戦略となりました。

ペルソナは慢性的な痛みに苦しみ、「痛みを根本的に治したい」「自分に合った予防習慣を身につけていきたい」と考えている人に設定しました。漠然と施術を求めている人ではなく慢性的な痛み、それに起因する不眠などに苦しんでいる人の問題を根本的に解決すること。そこに自社の存在意義＝ミッションを見出したわけです。

慢性的な痛みに苦しむ人の多くは、病院に行っても痛みの原因が特定できず、心身両面で深いダメージを負っています。もちろん、対症療法でも痛みを解消することはできますが、それはあくまで短期的解決にとどまっており、根本解決にはつながりません。**まさにC社はその問題に切り込んでいくことを決意したわけです。**

そして、まさにこの点が、同業者とのちがいを浮き彫りにし、C社でしか提供できない価値というものをお客様に対して十分にお伝えする基盤となりました。

仕事❷ 理想の顧客のための「商品・サービス」＝勝ちパターン構築への投資

C社では完全なる人材先行投資が問題でした。接骨院とは労働集約型のビジネスであり、まずは優秀な人材を採用して売上げをつくるという発想にとらわれていました。

しかし、売上が上がってもそれ以上に固定費の増加するスピードが加速しているので、利益が残りにくい経営状況に陥っていました。さらに、優秀な人材には独立を希望する者が多いといった問題もあり、必然的に社員の定着率もよくありませんでした。

そこで、採用に対する考え方をチェンジし、優秀な人材を採用することよりも既存社員で高品質なサービスを提供するための仕組みに投資することにしました。

具体的には、「戦略投資」「システム投資」「人材投資」の適正金額を自分なりに分析して、予算を決めたうえで投資することを心がけるようにしたのです。

最初に行ったのは、**ＡＩを活用した姿勢分析装置の導入**です。

このシステムは6方向からお客様の姿勢を撮影し、体のゆがみなどの問題点を速やかに。かつ的確に診断するという画期的なものです。

このシステムを導入することで、施術者間のスキルのばらつきを解消することができ、経験の差を埋めることができました。AIによる診断結果を説明することで、経験の浅い社員でも成約率を上げることができたのです。

さらには、社内の再現性を高めるために私が実施するTOC研修に投資をしました。

緊急事態宣言が明けた6月から急激に業績が回復したことで社員がパンク寸前の状況に陥ったため、何とかして生産性を上げたいというのが受講の動機でした。TOC研修ではゲーム形式をとりながらすべての業務をテーブルに乗せボトルネックを探っていきます。**全員が受講したことで、役割のちがいによる認識のズレも克服することができ、作業効率が改善しただけではなく、たとえば、手指消毒と検温の自動化など自発的な提案が増えるようにもなりました。**小さなことではありますが、これは社員による勝ちパターンの投資ともいえます。

それだけでなく、オンラインでの施術にもチャレンジし、50例ほどの症例を積み重ねた結果、どこが悪いのかがわかれば、さわらなくても痛みを解消できることがわかりました。

このオンライン施術はすでに特許も取得しており、これからのC社にとって非常に大きな武器になっていくことでしょう。

C社の取り組みはまさにAI時代の到来を見越しており、情報への意識の高さが大きな成果を生み出しているのだといえます。

仕事❸ 激動の時代を乗り切る組織デザイン

緊急事態宣言解除後の6月、C社の来院客数は何と前年対比154%に増加しました。社長によれば、それまでの不安感が自信に変わった瞬間だったということです。

おかげで第2波も第3波も自信を持って乗り切ることができています。この状況を見て安心したのも束の間、すぐに未来へ向けて環境整備や評価制度の整備に着手しました。

この会社の組織は、まるで一時期の読売ジャイアンツのように、4番バッターをできるだけ多く集めたいという意識が強く支配していました。ですが、みなさんもご存じのとおり、4番バッターばかりを集めても強いチームにはならないのです。

自分が主役になりたい選手ばかりでは、打線は決してつながらないのです。

社長はそのような状況から抜け出し、それぞれの持ち味を十分に生かした強いチームに再構築することを決意しました。**この決断には短期的なリスクが伴いますが、長期的には必ず組織の力を最大化します。このような経営者の決断がなければ、いつまでたっても、まとまりのある強い組織は実現できない**のです。

ただそれまでは、社長があらゆることを勉強し自分が習ったことを社員に教えるというスタイルをとっていました。しかしこの方法はとても難しく、ある程度の規模を超えると成功しにくくなってしまいます。

そこで、専門家を活用してルールや仕組みをつくり変える考え方へとシフトしました。

つまり、第三者を入れて社員が働きやすい環境づくりを行うことにしたのです。

教育の専門家を「外部ブレーン」として起用することによって、専門家のフィルターを通して客観的に自社の組織体系を見ることができました。そのうえで、社員全員の能力を生かすために必要な仕組みを構築することにより、全員が自分のやるべきことに集中する組織に変わっていくことができました。

一人ひとりのスキルアップを心がける教育から、スタッフ自身が自らの役割と目的、目標を明確にすることで、やるべきことに集中し、結果を出すことでスタッフ自身の成長と

組織の業績も上がる組織をつくること。これこそが社長が行う「組織デザイン」なのです。

これから先のビジョンについて、3年前には750万円だった1人当たりの粗利益額が、今では1500万円まで上がってきています。これを3年後には3000万円に倍増する。それを目指してC社はこれからも取り組みを続けていきます。一度生まれた好循環の波はまちがいなくさらに大きなうねりへと成長していくでしょう。3年間で生産性を倍にする。その夢はきっと実現できるにちがいないと考えています。

このような形で企業の成長に関われたことは、私にとっても大きなよろこびです。経営者との出会いを通じて、多くのことに気づかされました。対話を通じてビジネスへの熱い想いを耳にし、それをミッションへと落とし込むプロセスをともに歩んでいくなかで、私自身がそれぞれの企業のミッションに深く共感し、ファンになることができました。

もちろん、コンサルタントとしての客観的な視点は忘れていません。場面によってはシビアに意見交換し、議論も闘わせながら、しかし安定成長の実現という目標をしっかりと共有している仲間として、全員参加型経営の一翼を担う。それだけを胸に私自身もベストを尽くしてきました。

このような成功事例は、決して偶然のものではありません。

経営者の意識変革、ミッションにもとづく「シンプル経営」への転換、そのための戦略・財務・組織デザインという3つのポイント、そして、外部ブレーンとのたしかな関係構築。これらのプロセスをしっかりと踏むことで、みなさんもきっと安定成長を実現できます。

時代が大きく変化する今こそが、最初の一歩を踏み出すチャンスなのです。

第５章のまとめ

☑ **強みを発揮できるマーケットの選択＝戦略づくり**

Ａ社：カーコーティングからカーライフサポートへ

Ｂ社：ダイエットへの価値観や生活習慣の改善へ

Ｃ社：健康維持のための価値観と習慣づくりへ

☑ **理想の顧客のための「商品・サービス」＝勝ちパターン構築への投資**

Ａ社：商品構成の見直しや体験型ツアーの導入など

Ｂ社：カウンセリングや動画配信など強みを発揮した

Ｃ社：デジタルスキルを駆使しサービスの再現性を高めた

☑ **激動の時代を乗り切る組織デザイン**

Ａ社：ブランディング・顧客管理の「外部ブレーン強化」

Ｂ社：ブランディング・動画制作の「外部ブレーン強化」

Ｃ社：環境整備・評価制度の「外部ブレーン強化」

「事実は僅差、結果は大差」であると改めて強く認識する。「変化に対応した者が生き残る」（チャールズ・ダーウィン）

第6章

社員を頑張らせない社長に届ける3つの贈り物

01 社員が頑張らないことは、顧客満足度の向上につながる

社員が頑張ることで顧客満足度は低下する

本書を結ぶにあたって、社員を頑張らせない経営の大切さを改めて確認していきます。くり返しの記述になることも多いとは思いますが、それだけ大切な点ですので、復習の意味も込めて最後までお付き合いいただければ幸いです。

まず、**社員が頑張ることによって顧客満足度が大きく低下します。**ミッションが明確には定まっていないことで、目の前に訪れる顧客のすべてに対応したサービスを提供しようとして、現場で働く社員に大きな負荷がかかります。社員が頑張ることはムリを重ねることになり、疲弊しきった現場のサービスの質は大きく低下することになります。

さらに、多様な顧客のニーズすべてに対応しようとする経営者は、商品のラインナップ

を無目的に増やす傾向があり、そのことによって社員には覚えなければならないことが増え、忙しさにさらに拍車がかかることになります。ただでさえ忙しい状況にさらにムリを重ね、サービスの質が低下することはもちろんですが、それに加えて社員間のサービスにムラが生じるようになり、状況はどんどん悪化していきます。

特に忙しい時間帯では、このような傾向が顕著なものとなります。**多くの社員が心にゆとりのない状態で働く結果、ミスなどが必然的に増えることになります。その結果が、顧客からのクレームにつながる**のです。

このような状況が続くと、経営者の危機感は組織をさらに誤った方向へと導きます。

どのような状況でも、どのような顧客にも、しっかりと対応すること。そのような難題が現場に降りかかってくることになり、安売りが過剰なサービスが横行することになります。安いものを好む顧客は要求レベルも高く、クレーマーになりやすい傾向があります。

そして**クレーマーに過剰なサービスを提供すると、サービスの再現性が大きく低下し、さらに別のクレームへとつながっていきます。まさに負のスパイラルが形成されるのです。**

なかでも、他の優良顧客の満足度が低下する点は、もっとも避けなければならない点です。もちろん、その間も社員は必死に頑張っています。そして、どんどん疲弊していきます。

社員を頑張らせるという経営者の誤った考え方のせいで、**顧客満足度が低下するといった明らかなデメリットが生じます。その根本にあるのはいうまでもなく、売上優先主義による「複雑経営」に他なりません。**

だからこそ、社員を頑張らせてはいけない。そのことをまず、ここで再確認しておきましょう。

社員が頑張らないことが顧客満足を向上させる

ミッションにもとづく「シンプル経営」は、社員を頑張らせることがありません。

ミッションを明確化し、戦略の形へと落とし込むことによって、誰のどのような問題を解決したいのかが明確になります。ここで選択される「誰」はペルソナと呼ばれ、社員が本当に来てほしいと考える優良顧客を具体化したものです。合わせて、自分たちの強みを再認識し、どのように問題を解決していくのかについてもクリアにします。

これらのアプローチを確実に実践することによって、何をするのか／何をしないのかが明確になります。すべての顧客のニーズに応えようとする。商品のラインナップを増やし顧客のニーズを満たそうとする。それが怪しくなると安売りをしたり、過剰なサービスを提供したりする。これらはすべて「しないこと」に属するものです。

このようなやり方で社員を頑張らせるのではなく、**本当に来てほしい顧客を増やす、自分たちの強みを十分に発揮する、問題解決につながる商品だけを確実に提供していく。これらの「すること」に注力することで、社員が頑張らなくても済む状態を生み出していく**のです。それが社員のモチベーションを向上させ、忙しさからも解放されているからこそ、質の高いサービスをしっかりと提供することができ、顧客満足度を向上させることになります。

また、「シンプル経営」の重要性を理解している経営者は気合や勘に頼るのではなく、あるいは、社員の経験やスキルに依存するのでもなく、仕組みに依存するたしかな組織を構築することができます。仕組みとは「すること」を細分化し標準化し、誰もがそれらを再現できる形に明文化したものです。外部ブレーンと連携して戦略を構築し、その一方で社内の組織を仕組みにもとづく管理のラインとして筋肉質なものにしていく。

ここでも社員は、場当たり的な指示に悩まされることなく、定められたことをもれなく実行するという高いモチベーションのもとで働くことができます。人材育成の内容なども標準化され、再現性の高いサービスを実現することができるようになります。

このように仕組みに依存する組織をデザインすることで、社長が頑張らせなくても、社員自らがお客様のために高いモチベーションを持って質の高いサービスを継続的に提供することができ、顧客満足度はさらに高まっていくことになるのです。

経営者の役割とはミッションにもとづく「シンプル経営」を着実に実践すること以外にありません。**それは経営者にしかできない仕事であり、経営者の真価が問われる仕事でもあります。お客様を思うからこそ頑張らない。**その意味を改めてご確認ください。

02 社員が頑張らないことは、会社の生産性を向上させる

社員が頑張ることで生産性は低下する

社員が頑張ることによって、企業としての生産性が低下することも見てきたとおりです。

そして、生産性の低下は商品と組織という2つの観点から理解することができます。原因はいずれも売上優先主義にもとづく「複雑経営」です。

まず、商品について、売上優先主義に陥った経営者は幅広い層の顧客を獲得したいと考え、すべての顧客のニーズに応えることを目指します。商品やサービスの範囲は自然と広がり、ラインナップの充実＝ニーズを満たすことという誤解が組織のなかに広がります。

そして、現場の社員の忙しさが増し、個々の仕事のさらに時間がかかるようになります。そうなると必然的に**残業が増え、人件費が余計にかかることになります。さらに、現状を**

既存の戦力で乗り越えられない場合には社員やアルバイトを増やす以外に方法はなく、さらに人件費が増加することになります。

次に、組織の観点について、忙しさが増すことでさらに多くの負荷がかかるようになり、社員は与えられたタスクをこなすだけで精一杯になります。視野が狭くなった結果、必要な情報共有が不足し、社内の人間関係がギクシャクしてきます。加えて、外部環境の変化にも鈍感になるため、組織としての体力は確実に低下していくことになります。**これらの結果、在庫管理やシフト管理、さらには、予算管理といった仕事がすべて雑になり、会社の利益が大幅に減少します。**つまり、人件費が増えるという直接的なものだけでなく、さらに多くの弊害が生じてしまうのです。

強い商品とは本来、真に大切なお客様の問題を解決するための手段です。ミッションを果たすために必要な商品と不必要な商品を見極めることが重要です。また、強い組織とは本来、ミッションの実現に向かって、組織の問題点を発見し、共有し、メンバーが一体となって解決や改善に取り組むことのできる組織です。激しい時代の変化を敏感に察知し、柔軟かつ的確に対応することのできる組織です。

しかし、売上優先主義の「複雑経営」が、商品や組織から強さを奪ってしまうのです。

顧客満足度の場合と同じように、ただ社員を頑張らせるという経営者の誤った考え方が、組織の生産性を大きく低下させるという悲劇を招きます。このような悲劇のおそろしさも、しっかりと腹落ちさせていただいているものと考えます。

社員が頑張らないことが生産性を向上させる

社員が頑張る「複雑経営」の組織では、あらゆる顧客のニーズに応えるために、商品のラインナップやオプションを幅広く揃えようとします。それには多額の投資を必要とし、この時点で企業としての生産性には黄色信号がともります。さらに、覚えることが増えた社員の忙しさは増し、残業代や新たな採用の人件費が組織を圧迫します。売上優先主義がなくならないかぎり、生産性は低下の一途をたどります。この悪循環を断ち切るためにはやはり、ミッションにもとづく「シンプル経営」が必要となってきます。

「シンプル経営」を実践する組織では、ミッションにもとづくペルソナ設定のおかげで、真に必要な商品とサービスへの絞り込みが行われています。社員はむやみやたらに頑張る必要がなくなり、自分たちが本当に大切にしたいお客様の問題を、自分たちの強みを十分発揮することによって解決することができるようになります。サービスの内容や基準等も標準化され、誰もが同じように再現できるレベルに明文化されることで、**頑張らなくても「ムリ」「ムラ」「ムダ」をなくすことができ、これが生産性を大きく向上させてくれます。**

また、提供する価値とお客様のニーズが一致することによって、**高単価にもかかわらず継続的に購入してくれるという好循環も生まれます。**この状態を生み出すことが経営者の重要な役割であるといってまちがいありません。

組織に視線を移していくと、さらに重要な点が見えてきます。

顧客満足度のところでも触れたように、「シンプル経営」を実践する組織では、社内の管理ラインが非常に強固なものになります。それが可能になるのは、先ほどもお伝えした細分化と標準化、それによって築き上げられた仕組みの明文化です。

管理がしっかりと行われることによって、どこにどのような問題があるのかをメンバー全員が共有できるようになります。モチベーションの高い現場の社員は積極的に改善策を提案し、**そのような全員参加型の経営がサービスの再現性をさらに高めてくれます。**一度生まれた好循環は、まるでそれ自体が一個の生き物であるかのように、さらによい流れをどんどんと生み出していきます。**このような好循環が形成されれば5年で生産性を2倍に**

上げるという目標もかなり現実味を帯びてくるでしょう。

それが実現できるかどうかは、すべて経営者の考え方ひとつにかかっています。

本書で学んだポイントをしっかりと実践し、継続的に生産性を上げていくことのできる安定成長の基盤を構築していってください。

03

社員が頑張らないことは、経営者を真の幸福へと導く

社員が頑張ることが経営者を常に不安にさせる

どれだけ頑張っても、いや頑張れば頑張るほど状況が悪化していく。顧客からのクレームは増え、顧客満足度が大きく低下する。現場の社員は疲弊し、組織の生産性は大きく低下する。これらはすべて、売上優先主義の「複雑経営」がもたらす大きな弊害であり、そこから脱却しないかぎり、悪循環はどこまでも続くことになります。

そして、これらの弊害に囲まれた経営者は常に不安に苛まれることになります。**すべての軸となるミッションが定まっていないことによって、経営は常に場当たり的なものになり、**「本当にこれでよいのか」「他にもっとよいやり方があるのではないか」、そのような思いを常に抱えながら、夜も満足に眠れない毎日を過ごします。

あるいは、目の前のクレーム対応に追われる、社員のミスのフォローに時間を取られる、**そんな「対処型経営」に陥ってしまい、不安が解消することはまったく期待できません。**

これらの原因はすべて、ミッションがしっかりと定まっていない点にあります。

さらに踏み込んでいうならば、ミッションを定めるにはビジョンが必要であり、それには「戦略的問い」の活用が不可欠です。

誰にために仕事をするのか。

誰のためなら人生を捧げることができるのか。

これらの問いに対する答え=ミッションがない組織では、不安な経営者のもとで、社員が必死に頑張り続けるという構図が生まれます。経営者の不安は当然ながら社員にも伝染し、不安を抱えた組織は危機感によって日々の仕事を頑張ることになります。そして、危機感や不安感は「やらされ仕事」につながり、さらなるモチベーションの低下といった悪循環を、文字どおり底なし沼のように繰り返すことになるのです。

くり返しお伝えしてきたように、社員を不幸にするのも幸福にするのも経営者の考え方ひとつにかかっています。これは本当に大きな問題です。しかし、それだけにとどまらず、他ならぬ経営者自身の幸福もまた、自らの考え方ひとつで決まるのです。社員の頑張りが、経営者を幸福にするのではありません。むしろその逆です。

経営者を真の幸福へと導くのは社員が頑張らないこと。その背景には、ミッションを基軸とした「シンプル経営」という、経営者自身の適切な考え方があるべきなのです。

社員が頑張らないことが経営者の真の幸福へと導く

本書の冒頭でもお伝えしたように、多くの経営者が「社員を頑張らせない経営」を実践し、お客様の問題解決を通じて自社の経営課題を解決し、経営者自身はもちろんのこと社員とその家族、すべての関係者が幸せになることを、私は心から願っています。

ここまでみなさんと一緒に見てきた「シンプル経営」の3つのポイントである戦略づくり、財務構築、組織デザインをしっかりと実践することが、変化の激しい時代を生き抜いていく経営者を真の幸福へと導く唯一の方法なのです。そして、すべての経営活動の軸となるのがかけがえのないミッションなのです。

誰のために人生を捧げるのか。その答えをはっきりと意識できたとき、みなさんは真の幸福への一歩を踏み出したのだといえます。

会社にとって大切なお客様は、みなさんにとって最強の営業部隊になっていきます。そのようなファンを一人でも多く増やすことが、そのためのプロモーション活動が、5Gの時代においては特に重要なカギを握ることになります。ぜひともみなさんには時代の先駆者として、安定成長を実現し、さらに継続していっていただきたいと考えます。

こんなことをいっている私ですが、ここまですべて順調に進んできたなどということはまったくありません。野球選手になる夢を起業家に置き換えて、23歳のときに求人広告の会社を立ち上げたのですが、正直に告白しますと、これまで3度の危機に見舞われました。大学卒業後、求人広告の会社に半年間だけ務めて、トップセールスを記録したタイミングで起業こそしたものの、経営の知識はまったく持ち合わせておらず、すべてがぶっつけ本番。失敗を重ねてはじめて気がつく日々を過ごしてきました。

最初の危機は求人広告から雑誌広告へ転換した25歳のときです。

おしゃれなレストランなど雑誌社が取り上げたくなる広告を作成し、これがヒットして3年後には6人の会社にまで規模を拡大したのですが、メインの雑誌社が同じ企画を他の代理店でも販売することになり、私の会社の特権がなくなりました。販売力がなかったため次の戦略を見出せず、私を除く5人のうち4人が一気に辞めていくという経験をしました。ちょうどマンションの一室から30坪のオフィスへ引っ越した直後で、最初の倒産の覚悟したことを昨日の出来事のように今も記憶しています。

それでも、それまでの私ならためらうようなよい案件と巡り合い売上を確保できたこと、さらに、社員が辞めたことによって人件費が大きく減ったこと。これらが重なってその年の利益は過去最高を記録することができました。結果論ではあるものの、勇気を出し積極的に受けたことが功を奏したのだといえます。また、この経験から人件費が与えるインパクトの大きさを理解することができ、非常によい勉強をさせていただくことができました。

二度目の危機は起業から10年が経ったころです。

ある会社からの発注が大きく伸び、あっという間に売上総額の60%を占めるまでになっていました。売上こそあがっていたものの、仕事に追われる忙しい日々が続き経営はほぼ操縦不能の状態に陥っていました。つまり倒産のリスクと常に背中合わせの毎日を送っていたということです。不幸なことにそのタイミングで仕事の80%を占めていた印刷物の価格が一気に下落し、とてつもないダメージを受けてしまったのです。メインのクライアントに、私の会社の原価よりも安い金額の見積もりが競合他社からたくさん届くようになりました。当然ながらそちらの方に発注は流れます。眠れなくなり、精神安定剤を飲む日々を過ごしました。

そして、「早くやる、何でもやる」が大事だと誤解するようになりました。どのような要望にも応える。深夜に打合せをして、翌朝には入稿する。そんな仕事のやり方で何とか乗り越えようとしましたが長続きするはずはありません。そのクライアントからの売上は年々低下し、5年でゼロになりました。安売りや過剰サービスのリスクを痛感しました。

三度目の危機は、売上の低下が下げ止まりをみせたときに訪れました。

そのころにはコンサルティング業への転換を模索していたのですが、特に飲食の分野に関心があったため、焼き肉屋を出店する準備を進めていました。

しかし、オープンのわずか3日前という段階になって、店長がうつ病を発症しました。さらにその1か月後には結核になり、まったく働けなくなるという事態に遭遇しました。加えて、コンサルが目的であったことから共同経営というスタンスをとっていたために、経営判断ができず、大きな赤字を作り半年で倒産することになりました。

八方ふさがりの状況に陥り、会社をたたむことも考えました。

それでも、この一部始終を見ていた、私の師匠にあたる焼肉屋の経営者からコンサルの依頼を受け、そこで業績改善を果たしたことで、自分が経営することと、コンサルとしてできることの間にはちがいがあると実感しました。そこから一念発起して、現在のようなコンサルティング会社への転換を果たしたわけです。

自分の会社が印刷価格の低下により業績が落ち込んだとき、どのようなカバーするかを考え、さまざまな会社にコンサルを依頼しました。集客広告やチラシ集客など色々と手を尽くしましたが、結局はどれも長続きしませんでした。ノウハウに依存するだけでは成功しない。そこに依存した顧客は自社の品質を簡単に低下させてしまう。そんなことを感じていたとき、独立直後にお世話になった、あるコンサルタントの言葉を思い出しました。

お店は客数ではなく客層で決まる。客層がよければいずれ必ずよくなっていく。

そこから私の反転攻勢がはじまり、現在へと至っているわけです。

私はコンサルティング会社にいたこともなく、スキルを専門的に学んだわけでもなく、失敗を重ねてきた経営者の一人にすぎません。しかし、だからこそ自分と同じ思いをし、日々の経営のプレッシャーに悩み、苦しみ、困った状況に置かれている人を一人でも多く救いたいと願い、それだけをモチベーションに取り組んでいます。小規模事業の経営者を真の幸福へと導くというミッションのもと、日々努力を重ねています。

私自身、言葉では理念やミッションと口にしていましたが、売上優先主義の罠に陥り、厳しい時期を過ごしてきました。だからこそ、ミッションの大切さや、ビジネスの成功と人生の成功は異なるという点に気がつきました。**社員を頑張らせることなくミッションを追求していれば、つまり、自分自身と社員の幸せを追求していれば、利益は必ずあとからついてきます。**どうか勇気を持って、最初の一歩を踏み出してください。

第６章のまとめ

☑ 社員が頑張らないことは、顧客満足度の向上につながる

・ミッションを明確にし、戦略の形へと落とし込む。
・「誰に、どのように」。ペルソナと仕組みづくりが重要。
・社員の幸せが、顧客満足度を大きく向上させる。

☑ 社員が頑張らないことは、会社の生産性を向上させる

・戦略をもとに、商品や価格を適切に設定する。
・仕事の標準化と管理の仕組みをしっかりと定める。
・社員の幸せが、会社の生産性を大きく向上させる。

☑ 社員が頑張らないことは、経営者を真の幸福へと導く

・ミッションにもとづく「シンプル経営」を心がける。
・利益は必ずあとからついてくるものと心得る。
・社員の幸せが、経営者を真の幸福へと導く。

おわりに

最後まで読んでいただき、本当にありがとうございます。

「会社は経営者で99・9％決まる！」

この言葉はコンサルタントの神様ともいえる船井幸雄先生の名言です。

私も深く共感しています。しかし、経営者の仕事とは何かと尋ねられたときに、答えを明確に述べられる経営者は実に少ないのが現実です。

本書を通じて、中小企業の経営者のピンチを救いたい。ただその思いだけで、最速で経営能力を上げるノウハウを広げるため本書を執筆することを決意しました。

この思いが、お読みいただいたみなさまに少しでも伝わっていれば、これに勝るよろこびはありません。

これを書いている今、私たちは誰も経験したことのない世界的パンデミックの真っただ中にいます。

2020年にはじまったコロナショック、そしてますます進む「人口減少」、さらには「AI」「5G」「IoT」といったテクノロジーの進展。経営者を取り巻く外部環境は、まさに激変の途上にあるということができます。

しかし、この変化に対応することができず、もがき苦しむ経営者が非常に多くいます。事業の失敗により自殺する人もとても増えています。

死因における自殺の割合は、日本は世界のワースト1です。こんなに豊かな国に生まれたにもかかわらず、幸福感をまったく感じることができない人が多い、それが日本人の特徴であるともいえます。

私は、ビジネスは人を幸せにするためのものでなければならないと思っています。

ですが、「売上」や「規模の追求」が成功であるという思い込みによって多くの問題が生まれているとも感じています。経営者が仕事を通じて真の幸福を手に入れるためにも、ぜひとも考え方の物差しを変えていただきたいのです。

「規模の追求」よりも「質の追求」、「売上の追求」よりも「生産性の追求」。

そして、「テクニックの追求」よりも「本質の追求」。

本当に大切なのは「質」「生産性」「本質」であり、それが幸せの源泉となるのです。


私たちは、多くの経営者に真の成功をつかんでもらうために「THE MISSION実践会」という名前のコミュニティをつくっています。

このコミュニティのビジョンは、「スモールグッドカンパニーを育成して日本を元気にする」というもので、世の中にある問題をビジネスによって解決していく。そんな目的を持った企業が安定的に高い生産性を実現すること。具体的には業界平均の2倍の生産性を実現することを目指しています。

本書にて好事例として紹介させていただいた企業様もコミュニティのメンバーであり、私の思いに深く共感していただき、快く事例を提供していただきました。

ご協力いただきました企業の皆様に、心より感謝いたします。

また、本書の出版にあたり多大なご協力をいただきました、株式会社イズアソシエイツ代表取締役であり、一般財団法人ブランド・マネージャー認定協会の代表理事でもある、岩本俊幸さん。いつもご指導いただき本当にありがとうございます。

そして、本書の出版を実現していただいたスタンダーズ社の佐藤孔建社長、編集担当の河田周平さん、さらに、企画の作成段階からご協力をいただいた有限会社インプルーブの小山睦男さん、本当にありがとうございます。

私が頑張れるのは、家族の笑顔があったからです。

妻・仁子、そして私たち夫婦の宝物である長男・直紀、長女・万尋にもありがとう！

そして、長年私を信じてついてきてくれている株式会社サンアストのスタッフの皆様。心から感謝しています。

最後に感謝したいのは、この本を手に取り最後まで読んでくださった読者の皆様です。皆さんが読んでいただけなければ、この本には何の価値も見出すことができません。

本書がみなさんの経営課題の解決に少しでも良い影響を与え、そしてみなさんのもとに幸福が訪れることを切に願っています。

2021年6月
佐治邦彦

佐治邦彦 Kunihiko Saji

経営戦略コンサルタント。

株式会社サンアスト代表取締役。

ブランドマネージャー認定協会エキスパートトレーナー。

経営戦略コンサルタント・ミッションメソッドの開発者。

2019年には処女作『年商1億円社長のためのシンプル経営の極意』(商業界)を出版。


1967年2月愛知県出身。第56回春の選抜高校野球大会に4番センターで出場。

1990年に23歳で株式会社サンアストを設立。


これまで約30年にわたり500社以上の企業を支援してきた現場経験から、中小サービス業の高収益化の仕組みづくりにこだわり、導入事業では「店舗数が6倍に拡大」「赤字の会社が経常利益15%」「コロナ禍で大打撃の飲食店がいきなり毎月倍々の売上を伸ばす」などの業績を上げる。

業績向上のみでなく、中小企業の経営者に「やりがい」や「自信」を提供、永続できる真の成功を支援し、全国からコンサルティング依頼が絶えない。

[構成] 細谷知司
[書籍コーディネート] 小山睦男（インプルーブ）
[ブックデザイン] 植竹 裕（UcDESIGN）
[DTP・図版作成] 西村光賢
[イラスト] emma / PIXTA

ヒミツのキーワードで
本書を購入していただいたあなたに
著書 佐治邦彦より
特別のメッセージがあります
ぜひ受け取ってくださいね。

頑張らせない経営

社員の「ムリ」「ムラ」「ムダ」をなくして
会社を「儲かる体質」に変える3つの方法

2021年7月31日　初版第1刷発行

著者　佐治邦彦
編集人　河田周平
発行人　佐藤孔建
印刷所　中央精版印刷株式会社
発行　スタンダーズ・プレス株式会社
発売　スタンダーズ株式会社
〒160-0008
東京都新宿区四谷三栄町12-4 竹田ビル3F
営業部　Tel.03-6380-6132　Fax.03-6380-6136